C'EST MOI QUI CUISINE !

Remerciements

Sophie Brault, Jean-Louis Broust, Gaétan Burrus, Servane Champion, Marie-Sophie Ferquel, Corinne Fleury, Marie Jacquemin, Laura Lugand, Laure Maj, Karine Marigliano, Anaïs Roué, Marjorie Sejer, Véronique Sem, Nathalie Tran, Marie-France Wolfsperger et Quat'Coul pour la photogravure.

Merci également à tous les membres de l'équipe Marmiton et à l'ensemble des Marmitonautes qui, pour notre plus grand bonheur, apportent chaque jour leur pierre à l'édifice de transmission que constitue Marmiton.

Directrice de collection : Clémence Meunier
Mise au point de la maquette : Caroline Moutier
Éditrice : Audrey Génin
Correctrice : Maud Foutieau

© Éditions Play Bac, 2015
14 bis rue des Minimes, 75003 Paris. www.playbac.fr

ISBN : 978-2-8096-5279-6

Dépôt légal : avril 2015

Imprimé en Slovénie par Gorenjski Tisk sur des papiers issus de forêts gérées de manière responsable.

Crédits photo

123RF Arina Habich : p. 6 (en haut), p. 7 (en haut au milieu). **BananaStock** : p. 22, p. 59.
Fotolia Eleonore H : p. 7 (en bas à gauche) ; WavebreakmediaMicro : p. 7 (en haut à droite).
Getty kate_sept2004 : couverture. **Image Source** p. 14, p. 34, p. 45, p. 52, p. 72, p. 80, p. 87, p. 98, p. 106, p. 114, p. 122, p. 125, p. 129. **Manina Hatzimichali** p. 35, p. 40, p. 44, p. 74, p. 85, p. 86, p. 89, p. 103, p. 120, p. 124, p. 135, p. 136. **Photononstop** Govin-Sorel : p. 7 (en bas à droite) ; Emely/Cultura : p. 7 (en bas au milieu) ; Laurence Mouton : p. 6 (en bas) ; Van Osaka : p. 7 (en haut à gauche).
Sucré Salé : Amiel : p. 24, p. 31, p. 131 ; Baudonnet : p. 61 ; Bichon : p. 116 ; Caillaut : p. 62 ; Carnet : p. 53, p. 111 ; Chris Court Photography : p. 70 ; Cultura Creative : p. 43, p. 93 ; Dieterlen : p. 119 ; Faccioli : p. 107 ; Fénot : p. 47 ; Food & Drink : p. 12, p. 50 ; Hall : p. 127 ; Iwanon : p. 69 ; Lawton : p. 39, p. 65, p. 115, p. 132 ; Marielle : p. 54 ; Nicoloso : p. 16 ; Nurra : p. 81 ; Radvaner : p. 78 ; Rapado : p. 15 ; Riou : p. 20 ; Roche : p. 90 ; Roulier/Turiot : p. 36, p. 100, Studio : p. 96, p. 99 : Swalens : p. 19, p. 32, p. 73, p. 77, p. 82, p. 112, p. 123 ; Thys/Supperdelux : p. 23, p. 28, p. 57, p. 58, p. 66, p. 108, p. 128 ; Viel : p. 27, p. 104.

Toute représentation ou reproduction intégrale ou partielle faite sans le consentement de l'auteur ou de ses ayants droit ou ayants cause est illicite (article L.122-4 du Code de la propriété intellectuelle). Cette représentation ou reproduction, par quelque procédé que ce soit, constituerait une contrefaçon sanctionnée par les articles L.335-2 et suivants du Code de la propriété intellectuelle.

C'EST MOI QUI CUISINE !

playBac

Sommaire

page 6	**10 règles de base**
pages 6 et 7	**Les astuces et techniques indispensables**
page 8	**Comment utiliser ce livre**
page 9	**Avant de te lancer**
pages 10 à 47	**Les entrées**
pages 48 à 93	**Les plats**
pages 94 à 137	**Les desserts**
pages 138 et 139	**Les basiques**
pages 140 et 141	**Index alphabétique des recettes**
pages 142 à 144	**Index des recettes par ingrédient**

introduction

Il était une fois un enfant qui adorait la cuisine et qui avait envie de passer devant les fourneaux… et pas seulement pour faire des gâteaux au chocolat ! Il enfila donc un tablier et courut voir ses parents pour leur dire qu'il avait décidé de cuisiner à leur place et de leur préparer un délicieux repas. Quelle bonne surprise ! Toutefois, ses parents voulurent s'assurer qu'il réussirait ses recettes à coup sûr. Pour cela, ils lui offrirent CE livre.

Tu l'as compris, cet enfant, c'est toi, et cet ouvrage, tu le tiens entre tes mains. Il va te permettre de réaliser des plats salés ou des desserts très facilement. En plus des recettes, tu trouveras des astuces pour cuisiner en toute sécurité et des idées de variantes suggérées par d'autres enfants qui, comme toi, aiment préparer de bons petits plats !

Il ne te reste plus qu'à investir la cuisine, seul, avec tes frères et sœurs, ou avec des copains pour que cuisiner soit plus que jamais un plaisir.

Bonnes recettes !
L'équipe Marmiton

10 règles de base

1. Tes mains **doivent toujours être propres**.

2. **Range la cuisine au fur et à mesure** et nettoie ton plan de travail après chaque étape.

3. Cuisine toujours **avec un adulte dans les parages** (comme ça, si tu as un doute ou une difficulté, tu pourras lui demander de l'aide).

4. **Ne laisse pas les manches des casseroles** dépasser de la cuisinière, tourne-les vers l'intérieur pour éviter de les renverser.

5. **Vérifie toujours que le four est vide** avant de l'allumer (pas de plaque, grille ni plats).

6. **Éteins toujours le four** ou la plaque dès que la cuisson est terminée.

7. **Utilise une manique ou un torchon** pour sortir les plats du four.

8. Si tu utilises un four à micro-ondes, **attention de ne pas y mettre de plat en métal**.

9. Pose les plats chauds **sur un dessous-de-plat**.

10. Si tu te brûles, **passe vite ta main sous l'eau froide** et préviens un adulte.

Les astuces

Cuire à la poêle sans se brûler

Prends l'aliment que tu dois faire cuire **avec une fourchette** (ou utilise une **pince à cuisine** si tu en as une) et **pose-le tout doucement** au bord de la poêle afin d'éviter les éclaboussures.

Râper un citron

Avec une main, tiens fermement la râpe, avec l'autre, tiens le citron dans la paume de ta main (éloigne tes doigts de la râpe) et **frotte le citron de haut en bas et de bas en haut**. Tourne le citron dans ta paume et recommence !

et techniques indispensables

Tenir un couteau

Replie bien tous tes doigts autour du manche du couteau. De cette façon, tu auras plus de force et tu seras plus précis. Tu peux appuyer ton index sur le long de la lame du couteau pour bien le contrôler.

Couper sans risque

Tiens fermement ton couteau de la main avec laquelle tu écris. Avec l'autre main, tiens l'aliment que tu veux découper et **replie un peu tes doigts**. Ta main va avancer et le bout de tes doigts sera protégé !

Tamiser de la farine

Tu as besoin d'un **saladier** et d'un **tamis** (ou passoire à mailles fines). Place le tamis au-dessus du saladier et verses-y la farine. **Tapote le tamis** pour que la farine passe entre les mailles.

Casser un œuf

Prends un œuf entre tes deux mains. Sur le bord d'un bol, d'un saladier ou d'une casserole, donne **un coup sec au centre de la coquille.** Doucement, retourne l'œuf vers le centre du récipient, écarte les deux moitiés et verse-le.

Séparer le blanc d'un jaune d'œuf

Casse un œuf d'un coup sec, au milieu de la coquille. Ouvre-le en deux au-dessus d'un bol en gardant le jaune dans l'un des morceaux de coquille. **Passe le jaune sans le crever** d'une coquille à l'autre.

Monter des blancs en neige

Verse tes blancs d'œufs dans un saladier. À l'aide d'un **batteur électrique, fouette-les pendant 3 à 4 minutes** en tenant fermement ton saladier : c'est prêt quand la mousse obtenue reste parfaitement immobile !

Comment utiliser ce livre

3 niveaux de difficulté
★☆☆ très facile
★★☆ facile
★★★ difficile

Le nom de la **recette**

Tout le **matériel** dont tu as besoin

Le temps que prendra la recette
temps de préparation
temps de cuisson
temps de repos

L'astuce pour cuisiner comme un pro

L'astuce de présentation, la **variante** avec un autre ingrédient ou l'accompagnement idéal de ton plat

Toutes les **étapes** de préparation

15 min de préparation
1 h de cuisson
20 min de repos

Cake au jambon et au fromage

Super marmitruc
de Gaëlle, 11 ans
Pour savoir si le cake est cuit, plante une lame de couteau au milieu, si elle ressort sèche, le cake est prêt !

trop bon !

Recette préférée de Léopold, 9 ans

Variante gourmande
de Lylian, 8 ans
Je n'avais pas de jambon, j'ai mis des lardons. C'est une très bonne recette.

1. Préchauffe le four à 180 °C (th. 6).
2. **Beurre** un moule à cake.
3. Fais fondre le **beurre** dans un bol au micro-ondes ou dans une petite casserole à feu doux.
4. Verse la **farine** dans un saladier.
5. Ajoute les **œufs** un à un en mélangeant avec un fouet entre chaque **œuf**.
6. Ajoute le **lait** puis le **beurre** fondu. Mélange bien.
7. Ajoute le **gruyère râpé**, du **sel**, du **poivre** et, enfin, la **levure**. Mélange encore.
8. Coupe le **jambon** en cubes et ajoute-les à la préparation. Mélange une dernière fois.
9. Verse la pâte dans le moule à cake.
10. Enfourne et laisse cuire 1 h. Laisse le cake tiédir 20 min avant de servir avec une salade.

Avant de te lancer

1 Vérifie que tu as bien **tous les ingrédients**.

2 **Lis bien la recette** que tu as choisie jusqu'au bout : tu connaîtras **toutes les étapes** et tu ne seras pas pris au dépourvu.

3 **Vérifie le temps** que prendra la recette : il suffit d'additionner le temps de préparation et le temps de cuisson !

4 **Prépare tous les ingrédients** de la recette. Certains ingrédients (beurre, œufs) doivent être sortis du réfrigérateur à l'avance.

5 **Sors tous les ustensiles** dont tu as besoin.

6 **Lave-toi les mains**.

7 **Enfile un tablier** et… au boulot !

Les **ingrédients** nécessaires (ceux qui sont écrits plus petits sont ceux qu'il y a toujours dans les placards)

Le nombre de **personnes** pour lesquelles la recette est prévue

Le **plat fini** ressemblera à peu près à ça… et ce sera forcément bon !

les entrées

Des petites portions très jolies, des idées qui mettent
en appétit… l'entrée, ça donne envie de manger tout
le reste du repas. Alors, use et abuse de nos conseils qui
ont fait leurs preuves : plus c'est petit, plus c'est mignon,
les verrines, c'est toujours chic, les mini-brochettes
forcément chouettes, les feuilletés inratables, les soupes
réussies à tous les coups et les tartines vraiment malignes.
Il ne reste plus qu'à mettre tout ça en pratique !

INGRÉDIENTS POUR 6 PERSONNES
Pain (1 baguette fraîche)
Tomates (8)
Basilic (½ bouquet)
- Ail (3 gousses)
- Fleur de sel
- Huile d'olive (4 c. à soupe)

MATÉRIEL NÉCESSAIRE
- 1 grande casserole
- 1 couteau
- 1 planche à découper
- 1 passoire
- 1 saladier
- 1 couteau à pain
- 1 cuillère à soupe

Crostinis aux tomates et au basilic

30 min de préparation
15 min de repos ★★☆

1. Fais bouillir de l'**eau** dans une casserole.
2. Sur le dessus de chaque **tomate**, fais une petite croix à l'aide d'un couteau.
3. Plonge les **tomates** 30 s dans l'**eau** bouillante puis égoutte-les dans une passoire. Retire la peau à l'aide d'un couteau en prenant soin de ne pas te brûler.
4. Coupe les **tomates** en deux puis coupe la chair en petits dés. Mets-les dans un saladier.
5. Épluche 2 gousses d'**ail**, coupe-les en deux, retire le germe (le cœur) puis hache-les avec un couteau. Ajoute l'**ail** aux **tomates**.
6. Lave et sèche les feuilles de **basilic**. Hache-les très finement (garde une dizaine de feuilles pour la déco) et ajoute-les aux **tomates**.
7. Ajoute l'**huile d'olive** aux **tomates**, mélange délicatement et laisse reposer 15 min.
8. Coupe la **baguette** en tranches fines.
9. Épluche la gousse d'**ail** restante, coupe-la en deux, ôte le germe et frotte les tranches de **baguette** avec les demi-gousses.
10. Dépose un peu de **tomates** sur chaque tranche de **baguette**, ajoute une pincée de **fleur de sel** et une feuille de **basilic**.

Super marmitruc
de Samuel, 9 ans

Pour des crostinis croustillants, passe tes tranches de baguette quelques instants sous le gril du four ou **dans un grille-pain**.

" Variante gourmande
de Marion, 10 ans

Cela marche aussi très bien avec des tomates pelées en boîte.

15 min de préparation

Guacamole

1. Épluche et coupe l'**oignon** en fines lamelles.
2. Presse le **citron**.
3. Lave et hache les feuilles de **coriandre**.
4. Coupe les **avocats** en deux, retire le noyau puis, avec une cuillère à soupe, récupère la chair des **avocats**. Coupe-la en morceaux.
5. Dans un bol, écrase la chair des **avocats** avec une fourchette.
6. Ajoute l'**oignon**, la **coriandre**, le jus de **citron** et du **sel**.
7. Sers ton guacamole avec des chips tortillas.

Super marmitruc
de Ioana, 10 ans

Si tu veux un guacamole un peu épicé, **Ajoute une pincée de piment en poudre.**

miamamia !

Recette préférée de Violette, 14 ans

" Variante gourmande
de Lucien, 9 ans

J'aime bien ajouter des petits dés de tomate. "

MATÉRIEL NÉCESSAIRE
- 1 couteau
- 1 planche à découper
- 1 fourchette
- 1 bol
- 1 cuillère à soupe
- 1 presse-agrumes

INGRÉDIENTS POUR 6 PERSONNES
Avocats (2, bien mûrs)
Oignon frais (1)
Coriandre fraîche (4 branches)
Citron vert (1)
- Sel

INGRÉDIENTS POUR 6 PERSONNES

Tomates (9, bien mûres)
Poivron rouge (1)
Poivron vert (1)
Concombre (1)
Vinaigre de Xérès (2 c. à soupe)
Pain de mie (1 tranche)
Basilic frais (1 bouquet)
• Ail (1 gousse) • Oignon (1 gros)
• Huile d'olive • Piment en poudre • Sel, poivre

MATÉRIEL NÉCESSAIRE
• 1 couteau
• 1 planche à découper
• 1 mixeur
• 1 épluche-légumes
• 1 cuillère à café

Gaspacho

35 min de préparation
2 h de repos

1. Lave et sèche les **tomates** et les **poivrons**.
2. Coupe les **tomates** en quartiers, retire le cœur.
3. Retire la queue des **poivrons** et coupe-les en deux. Retire les graines et les peaux blanches puis coupe-les en morceaux.
4. Épluche le **concombre**, coupe-le dans la longueur et, avec une cuillère à café, retire les pépins et jette-les. Coupe-le ensuite en morceaux.
5. Épluche l'**ail** et l'**oignon**, retire le germe (le cœur) de l'ail puis coupe-les en morceaux. Rince le basilic.
6. Dans un mixeur, mets tous les **légumes** coupés et mixe le tout jusqu'à obtenir une préparation lisse.
7. Ajoute le **pain de mie** (sans la croûte) et les feuilles de **basilic** et mixe une nouvelle fois.
8. Assaisonne avec du **sel**, du **poivre**, 4 c. à soupe d'**huile d'olive**, le **vinaigre de Xérès** et une pincée de **piment** (attention à ne pas trop en mettre !).
9. Laisse reposer 2 h au minimum au réfrigérateur.

Super marmitruc
de Louane, 11 ans

Pour aller plus vite, **remplace les tomates fraîches par une grosse boîte de tomates pelées**.

Variante gourmande
de Joseph, 12 ans

J'aime bien servir le gaspacho avec des petits cubes de légumes sur le dessus : concombre et poivron. C'est super croquant.

5 min de préparation
15 min de cuisson ★☆☆

Soupe de courgettes

Super marmitruc
de Sophia, 8 ans
Si tu coupes tes courgettes en fines lamelles, elles cuiront plus vite.

Variante gourmande
de Mattheo, 9 ans
Remplace le parmesan râpé par une portion de Kiri, c'est tout aussi bon.

1. Fais chauffer 30 cl d'**eau** dans une casserole. Ajoute le **cube de bouillon** et mélange bien.

2. Lave les **courgettes**. Coupe-les en rondelles en gardant la peau.

3. Plonge les rondelles de **courgettes** dans le **bouillon** et laisse cuire à petits bouillons pendant 10 à 15 min, avec un couvercle.

4. À l'aide d'un mixeur plongeant, mixe les **courgettes**. Ajoute le **parmesan râpé** et mixe encore. (Si tu en as un, tu peux également utiliser un blender pour mixer la soupe.)

5. Entoure les **gressins** deux par deux d'une tranche de **jambon cru**.

6. Sers la **soupe** saupoudrée de copeaux de **parmesan** et accompagnée des **gressins**.

INGRÉDIENTS POUR 2 PERSONNES
- Courgettes (2)
- Parmesan râpé (60 g)
- Copeaux de parmesan (20 g)
- Gressins fins (8)
- Jambon cru (4 tranches)
- Bouillon de poule (1 cube)

MATÉRIEL NÉCESSAIRE
- 1 casserole
- 1 couteau
- 1 planche à découper
- 1 mixeur plongeant (ou blender)

INGRÉDIENTS POUR 6 PERSONNES
Pâte feuilletée (1 rouleau)
Gruyère râpé (150 g)
- Jaune d'œuf (1)

MATÉRIEL NÉCESSAIRE
- 1 plaque
- 1 bol
- 1 fourchette
- 1 pinceau de cuisine
- 1 couteau
- papier sulfurisé

Torsades feuilletées

15 min de préparation
10 min de cuisson

1. Préchauffe le four à 180 °C (th. 6).
2. Déroule la **pâte feuilletée** et découpe-la en lanières de 1 cm sur 5 cm environ.
3. Torsade les **lanières de pâte** et dépose-les sur une plaque recouverte de papier sulfurisé.
4. Verse le **jaune d'œuf** dans un bol et bats-le avec une fourchette.
5. Badigeonne les **lanières de pâte feuilletée** avec le **jaune d'œuf** à l'aide d'un pinceau de cuisine.
6. Saupoudre chaque torsade de **fromage râpé**.
7. Enfourne et laisse les **torsades** dorer pendant 10 minutes.

Super marmitruc
de Sia, 10 ans

Si tu n'as pas de pinceau de cuisine, **tu peux badigeonner les torsades avec ton doigt.**

Variante gourmande
de Ludovic, 8 ans

Avec du parmesan à la place du gruyère, **c'est aussi très bon.**

8 min de préparation

Rillettes de thon au mascarpone

Super marmitruc
de Mounira, 9 ans

Je vide des petites tomates et je les remplis de rillettes. Mes parents adorent !

j'adooore !

Recette préférée de Servane, 9 ans

① Égoutte l'huile de la boîte de **thon**.

② Presse le **citron**.

③ Mets le **mascarpone** et le **thon** dans un mixeur.

④ Ajoute les **olives vertes**, 1 c. à soupe de jus de **citron**, la **moutarde**, du **sel** et du **poivre**.

⑤ Mixe le tout, mais pas trop longtemps : tu dois encore voir des morceaux de **thon**.

⑥ Coupe la **baguette** en tranches fines et tartine-les de **rillettes de thon**.

⑦ Rince la **ciboulette**, essuie-la et coupe-la en petits morceaux. Mets-la sur les **rillettes**.

Variante gourmande
de Louis, 10 ans

Je fais aussi ces rillettes avec des sardines en boîte plutôt que du thon.

MATÉRIEL NÉCESSAIRE
- 1 mixeur
- 1 presse-agrumes
- 1 couteau
- 1 planche à découper
- 1 couteau à pain
- 1 cuillère à soupe

INGRÉDIENTS POUR 6 PERSONNES

Mascarpone (250 g)
Thon à l'huile (1 boîte de 300 g)
Olives vertes dénoyautées (12)
Moutarde Savora (1 c. à café)
Ciboulette (2 brins)
Pain (½ baguette fraîche)
- Citron (1)
- Sel, poivre

INGRÉDIENTS POUR 4 PERSONNES

Pain de campagne (4 tranches)
Fromage frais (50 g)
Viande des Grisons (8 tranches)
Radis (2)
Basilic (4 feuilles)

MATÉRIEL NÉCESSAIRE
- 1 couteau
- 1 planche à découper

Tartines de fromage frais, radis et viande des Grisons

10 min de préparation

1. Lave les **radis** et coupe les extrémités.
2. Lave les feuilles de **basilic**.
3. Coupe les **radis** en rondelles très fines.
4. Fais légèrement toaster les tranches de **pain de campagne** au grille-pain ou sous le gril du four. Laisse-les refroidir.
5. Tartine chaque tranche de **pain** de **fromage frais**.
6. Dépose sur le fromage une tranche de **viande des Grisons**, quelques rondelles de **radis** puis une seconde tranche de **viande des Grisons**.
7. Décore avec une feuille de **basilic** entière.

Super marmitruc
de Noé, 8 ans

Quand j'ai du pain frais, **je ne passe pas les tranches au grille-pain**, je les tartine directement !

Variante gourmande
de Sofiane, 9 ans

J'aime bien ajouter une tomate séchée sous la feuille de basilic.

Sablés au parmesan

10 min de préparation
10 min de cuisson

1. Préchauffe le four à 200 °C (th. 6-7).
2. Recouvre une plaque de papier sulfurisé.
3. Fais fondre le **beurre** au micro-ondes dans un bol (ou dans une petite casserole sur feu doux).
4. Dans un saladier, mélange le **beurre fondu**, la **farine** et le **parmesan** jusqu'à ce que tu obtiennes une pâte lisse.
5. Réalise 20 boulettes à l'aide de 2 cuillères à soupe et dépose-les, bien espacées, sur la plaque.
6. Enfourne et laisse cuire 5 à 10 min.

Super marmitruc
de Léo, 12 ans

Si tu ne les manges pas tout de suite, **tu peux conserver les sablés dans une boîte hermétique pendant une semaine.** Ils resteront croustillants !

Variante gourmande
de Nina, 10 ans

J'ai essayé la recette **en remplaçant le parmesan par du roquefort**, c'est super bon.

MATÉRIEL NÉCESSAIRE
- 1 bol
- 1 saladier
- 1 cuillère en bois
- 1 plaque
- 2 cuillères à soupe
- papier sulfurisé

INGRÉDIENTS POUR 20 SABLÉS
Parmesan râpé (100 g)
- Beurre (100 g)
- Farine (100 g)

ingrédients pour 6 personnes

Riz (300 g)
Carottes (2)
Pommes rouges ou vertes (2)
Raisins secs (80 g)
Coriandre (½ bouquet)
- Huile d'olive • Miel
- Curry • Sel, poivre

matériel nécessaire
- 2 casseroles
- 1 passoire
- 1 éplucheur-légumes
- 1 couteau • 1 planche à découper • 1 saladier
- 1 bol • 1 cuillère à soupe
- 1 cuillère à café

Salade de riz, pommes, carottes et raisins secs

30 min de préparation
25 min de cuisson

★★☆

1. Plonge le **riz** dans une casserole d'**eau** bouillante et laisse-le cuire le temps indiqué sur le paquet.
2. Pendant ce temps, épluche les **carottes** et coupe-les en rondelles de 0,5 cm d'épaisseur.
3. Fais bouillir une autre casserole d'**eau** et plonge les **carottes** dedans. Laisse-les cuire une quinzaine de minutes : elles doivent être encore un peu fermes. Égoutte-les.
4. Égoutte le **riz** et passe-le sous l'**eau froide**. Laisse-le refroidir puis verse-le dans un saladier.
5. Lave les **pommes**. Coupe-les en quatre, retire le cœur puis coupe-les en morceaux.
6. Lave et hache la **coriandre** (si tu aimes, sinon n'en mets pas !).
7. Ajoute les **raisins**, les **carottes**, les **pommes** et la **coriandre** dans le saladier.
8. Prépare la sauce : dans un petit bol, mélange 4 c. à soupe d'**huile d'olive**, 1 c. à café de **miel**, 1 c. à café de **curry**, du **sel** et du **poivre**.
9. Verse cette **sauce** sur la **salade de riz**, mélange délicatement puis sers.

Super marmitruc
d'Adrien, 10 ans

Pour un riz un peu croquant, je le fais cuire **2 min de moins** que ce qui est indiqué sur le paquet.

Variante gourmande
de Sami, 9 ans

J'ai ajouté une petite boîte **de pois chiches**, on s'est régalé.

Brochettes melon, jambon cru et radis

15 min de préparation ★☆☆

Super marmitruc
de Sonia, 8 ans

Serre bien tous les ingrédients au fur à mesure que tu prépares chaque brochette.

Variante gourmande
de Maël, 11 ans

J'ai ajouté des demi-tomates cerises.

① À l'aide d'une paire de ciseaux, coupe des lanières de **jambon** de 3 cm de largeur.

② Coupe le **melon** en tranches, retire la peau avec un couteau (demande à un adulte de t'aider si besoin) et coupe la chair en gros cubes.

③ Lave les **radis**, coupe les extrémités.

④ Lave les **pousses d'épinard** et sèche-les bien avec de l'essuie-tout.

⑤ Prépare ensuite les brochettes : sur une pique en bois, alterne une lanière de **jambon**, un cube de **melon**, une **pousse d'épinard** et un **radis**. Recommence encore une fois pour finir la brochette.

⑥ Réalise ainsi d'autres brochettes jusqu'à ce que tu n'aies plus d'ingrédients.

⑦ Sers les brochettes.

MATÉRIEL NÉCESSAIRE
- 1 paire de ciseaux
- 1 couteau
- 1 planche à découper
- Des piques en bois

INGRÉDIENTS POUR 4 PERSONNES
Jambon cru (4 tranches)
Melon (½)
Radis (½ botte)
Pousses d'épinard (1 poignée)

ingrédients pour 2 personnes

Farfalles (250 g)
Poulet rôti (¼)
Tomates cerises (75 g)
Roquette (1 poignée)

- Huile d'olive
- Moutarde de Dijon
- Sel, poivre

matériel nécessaire
- 1 grande casserole
- 1 passoire
- 1 couteau
- 1 planche à découper
- 1 saladier • 1 bol
- 2 cuillères à soupe

Salade de pâtes au poulet rôti

10 min de préparation
10 min de cuisson

1. Plonge les **pâtes** dans une casserole d'**eau** bouillante salée et laisse-les cuire 8 à 9 min (ou selon les indications du paquet) : elles doivent être encore fermes (*al dente*).
2. Coupe le **poulet rôti** en gros morceaux.
3. Lave les **tomates cerises** et la **roquette**. Coupe les **tomates cerises** en deux.
4. Égoutte les **pâtes** et rince-les à l'eau froide.
5. Verse-les dans un saladier et mélange-les avec un filet d'**huile d'olive** pour ne pas qu'elles collent.
6. Ajoute les **morceaux de poulet**, les **tomates cerises** et la **roquette**.
7. Dans un bol, prépare la sauce en mélangeant 1 c. à soupe de **moutarde**, du **sel**, du **poivre** et 3 c. à soupe d'**huile d'olive**.
8. Verse cette **sauce** sur les **pâtes** et mélange délicatement.
9. Si possible, laisse reposer quelques heures au réfrigérateur avant de déguster : ta **salade** sera plus parfumée.

Super marmitruc
de Nathan, 12 ans

Je coupe le poulet avec des ciseaux, c'est plus facile.

Variante gourmande
de Tina, 10 ans

J'ai ajouté des cubes d'avocat, trop bon !

15 min de préparation
1 h de cuisson
20 min de repos

★ ☆ ☆

Cake au jambon et au fromage

Super marmitruc
de Gaëlle, 11 ans

Pour savoir si le cake est cuit, **plante une lame de couteau au milieu, si elle ressort sèche, le cake est prêt !**

trop bon !

Recette préférée de Léopold, 9 ans

❝

Variante gourmande
de Lylian, 8 ans

Je n'avais pas de jambon, j'ai mis des lardons. C'est une très bonne recette.

❞

1. Préchauffe le four à 180 °C (th. 6).
2. **Beurre** un moule à cake.
3. Fais fondre le **beurre** dans un bol au micro-ondes ou dans une petite casserole à feu doux.
4. Verse la **farine** dans un saladier.
5. Ajoute les **œufs** un à un en mélangeant avec un fouet entre chaque **œuf**.
6. Ajoute le **lait** puis le **beurre** fondu. Mélange bien.
7. Ajoute le **gruyère râpé**, du **sel**, du **poivre** et, enfin, la **levure**. Mélange encore.
8. Coupe le **jambon** en cubes et ajoute-les à la préparation. Mélange une dernière fois.
9. Verse la pâte dans le moule à cake.
10. Enfourne et laisse cuire 1 h. Laisse le cake tiédir 20 min avant de servir avec une salade.

Matériel nécessaire
- 1 saladier
- 1 fouet
- 1 couteau
- 1 planche à découper
- 1 moule à cake
- 1 bol ou une petite casserole

Ingrédients pour 6 personnes
- Gruyère râpé (225 g)
- Talon de jambon (300 g)
- Farine (300 g)
- Œufs (6)
- Lait (12 c. à soupe)
- Beurre (100 g + un peu pour le moule)
- Levure chimique (1 sachet)
- Sel, poivre

ingrédients pour 4 personnes

Pâte feuilletée (1 rouleau)
Tomates (8 grosses)
Moutarde mi-forte (1 c. soupe)
• Herbes de Provence (2-3 pincées)

matériel nécessaire
• 1 couteau
• 1 bol • 1 planche à découper
• 1 casserole
• papier sulfurisé
• 1 plaque
• 1 passoire

Tarte fine à la tomate

20 min de préparation
30 min de cuisson

1. Préchauffe le four à 180 °C (th. 6).
2. Déroule la **pâte feuilletée** et dépose-la sur une plaque avec le papier sulfurisé.
3. Si tu veux faire des tartes individuelles, découpe des cercles de 12 cm de diamètre environ (sers-toi d'un grand bol retourné et découpe tout autour). Si tu n'as pas assez de pâte, refais une boule avec les chutes, étale-la et découpe les disques manquants.
4. Étale la **moutarde** en couche fine sur toute la surface de la pâte.
5. Sur le dessus de chaque **tomate**, fais une petite croix à l'aide d'un couteau.
6. Plonge les **tomates** 30 s dans l'**eau** bouillante puis égoutte-les dans une passoire. Retire la peau à l'aide d'un couteau en prenant soin de ne pas te brûler.
7. Coupe chaque **tomate** en rondelles très fines.
8. Pose les rondelles de **tomate** sur la **pâte**.
9. Saupoudre d'**herbes de Provence** et enfourne 30 min environ.

Super marmitruc
de Liam, 12 ans

Pour que le jus des tomates ne ramollisse la pâte, saupoudre-la d'un peu de semoule avant de la recouvrir de moutarde.

Variante gourmande
d'Aisha, 11 ans

Avec des rondelles de chèvre sur le dessus, c'est parfait !

10 min de préparation
40 min de cuisson

Super marmitruc
de Thomas, 10 ans

Sers cette quiche avec une salade de mesclun et des tomates cerises.

Variante gourmande
de Victoria, 8 ans

Pour une quiche encore plus gourmande, j'ajoute du gruyère râpé dans la préparation aux œufs.

Quiche lorraine

1. Préchauffe le four à 200 °C (th. 6-7).

2. Déroule la **pâte brisée** et place-la dans un moule à tarte avec le papier sulfurisé. Pique le fond avec une fourchette.

3. Fais dorer les **lardons** une dizaine de minutes dans une poêle sans matières grasses.

4. Pendant ce temps, mélange énergiquement les **œufs** et la **crème fraîche** dans un saladier avec une fourchette.

5. Ajoute les **lardons** à la préparation aux **œufs**.

6. Assaisonne avec 1 pincée de **poivre** et 1 pincée de **muscade**.

7. Verse la préparation sur le fond de tarte.

8. Enfourne et laisse cuire 30 min : la quiche doit être bien dorée.

Tu trouveras la recette de la pâte brisée maison p. 138.

MATÉRIEL NÉCESSAIRE
- 1 plat à tarte
- 1 fourchette
- 1 saladier
- 1 poêle
- 1 cuillère en bois
- papier sulfurisé

INGRÉDIENTS POUR 4 À 6 personnes
- **Pâte brisée** (1 rouleau)
- **Lardons** (150 g)
- Œufs (3)
- Crème fraîche (250 g)
- Muscade
- Poivre

ingrédients pour 4 personnes

Carottes (10)
Persil (1 petit bouquet)
Curry en poudre (1 c. à café)
Chapelure (150 g)
- Farine (3 c. à soupe)
- Huile d'olive ou de tournesol
- Œufs (3) • Ail (1 gousse)
- Sel, poivre

matériel nécessaire

- 1 râpe
- 1 épluche-légumes
- 1 couteau
- 1 planche à découper
- 1 sauteuse • 2 cuillères à soupe • 1 saladier
- 1 écumoire • 1 fouet
- 1 assiette creuse

Croquettes de carottes

30 min de préparation
15 min de cuisson

★★☆

1. Épluche les **carottes** et râpe-les.
2. Épluche l'**ail** et coupe-le en fines lamelles.
3. Lave et hache le **persil**.
4. Dans une sauteuse, fais chauffer 2 c. à soupe d'**huile** puis mets-y les **carottes** et l'**ail**.
5. Laisse cuire environ 10 min à feu doux (les carottes doivent ramollir) puis verse la préparation dans un saladier.
6. Ajoute les **œufs**, le **persil**, le **curry** et la **farine**. **Sale** et **poivre** puis mélange avec un fouet.
7. Avec 2 cuillères à soupe, prends un peu de préparation de manière à former des petites boules.
8. Dans une assiette creuse, verse la **chapelure** et roule les **boules** dedans.
9. Dans la sauteuse, fais chauffer 20 à 30 cl d'**huile**.
10. Dépose les **boules** une par une dans l'**huile** bien chaude et fais-les frire en les retournant pour qu'elles soient bien dorées : 2-3 minutes suffisent. Tu peux demander à un adulte de t'aider.
11. À l'aide d'une écumoire, sors les **croquettes** de la sauteuse et dépose-les sur du papier absorbant.

Super marmitruc
de Malo, 12 ans

Si tu ne veux pas les frire, **tu peux faire cuire les croquettes à la poêle, dans un filet d'huile.**

Variante gourmande
de Sandro, 11 ans

J'ai ajouté un demi-poivron rouge coupé en tout petits dés.

10 min de préparation
30 min de cuisson

Tarte tomates et salami

Super marmitruc
de Maud, 8 ans

Je pose toujours les tranches de tomates sur du papier absorbant avant de les placer sur la tarte. La tarte est plus croustillante.

Variante gourmande
d'Ariane, 11 ans

Je remplace les tomates par des tomates cerises coupées en deux, c'est plus joli !

1. Préchauffe le four à 180 °C (th. 6).
2. Déroule la **pâte feuilletée** et étale-la sur une plaque avec le papier sulfurisé.
3. Dans un bol, mélange la **moutarde** et le **concentré de tomates**.
4. Coupe les **olives** en rondelles.
5. Lave les **tomates** et coupe-les en fines rondelles.
6. Étale le mélange **moutarde-concentré de tomates** sur la **pâte** avec une cuillère, puis dispose les **olives**, les rondelles de **tomates** et les tranches de **salami** par-dessus.
7. Saupoudre de **thym** et enfourne pour 30 min.
8. À la sortie du four, parsème la tarte avec les feuilles de **roquette** et sers avec une salade de mesclun.

Ingrédients pour 4 personnes
Pâte feuilletée (1 rouleau)
Salami (8 tranches)
Moutarde (1 c. à soupe)
Concentré de tomates (1 c. à soupe)
Olives noires dénoyautées (12)
Tomates (2)
• Thym (1 c. à café)
• Roquette (1 poignée)

Matériel nécessaire
• 1 bol
• 1 cuillère à soupe • 1 couteau
• 1 planche à découper
• 1 plaque • papier sulfurisé

Ingrédients pour 4 personnes
Melon (1)
Feta (200 g)
Jambon cru (4 tranches)
Salade verte (1)
- Thym (1 c. à café)
- Jus de citron (4 c. à soupe)
- Huile d'olive (4 c. à soupe)
- Sel, poivre du moulin

Matériel nécessaire
- 1 essoreuse à salade
- 1 couteau
- 1 planche à découper
- 1 bol
- 1 saladier
- 1 cuillère à soupe
- 1 paire de ciseaux

Salade melon, feta, jambon

20 min de préparation

1. Lave la **salade** puis essore-la.
2. Coupe le **melon** en tranches, retire la peau avec un couteau (demande à un adulte si besoin) et coupe la chair en gros cubes.
3. Coupe les tranches de **jambon cru** en fines lanières à l'aide de ciseaux.
4. Égoutte la **feta** et coupe-la en cubes.
5. Prépare la sauce : verse le jus de **citron** dans un bol, **sale**, **poivre** et mélange. Ajoute l'**huile d'olive** et mélange énergiquement puis incorpore le **thym**.
6. Mets la **salade**, le **melon**, le **jambon**, la **feta** et la **sauce** dans un saladier. Mélange juste avant de servir.

Super marmitruc
de Johanne, 11 ans

Si tu ne veux pas éplucher le melon, coupe-le en deux et **fais des boules avec une cuillère parisienne !**

Trop trop bon !

Recette préférée de Loup, 8 ans

Variante gourmande
de Marius, 10 ans

J'ai remplacé la salade verte par de la mâche, je n'ai eu que des félicitations !

15 min de préparation
20 min de cuisson

Feuilletés au jambon

Super marmitruc
de Charly, 9 ans

Pour des feuilletés bien dorés, badigeonne-les d'un peu de lait (avec un pinceau de cuisine ou avec les doigts).

Variante gourmande
de Mathilde, 10 ans

Je mixe le jambon avec un peu de crème fraîche et un œuf. C'est plus fondant !

1. Préchauffe le four à 210 °C (th. 7).
2. Coupe le **jambon** en tout petits morceaux.
3. Déroule les **pâtes feuilletées**. Découpe dans chaque pâte 2 carrés de même dimension.
4. Au centre de chaque carré, dépose les morceaux de **jambon** et 2 rondelles de **fromage**.
5. Replie les quatre coins de chaque carré vers le centre. Soude bien les coins de pâte ensemble en les pressant l'un contre l'autre (mouille le bord de la pâte avec un peu d'eau pour qu'elle colle mieux).
6. Dépose les **feuilletés** sur une plaque recouverte de papier sulfurisé.
7. Enfourne et laisse cuire 20 min environ.

INGRÉDIENTS POUR 4 PERSONNES

Pâte feuilletée
(2 rouleaux)

Bûche de chèvre
(8 rondelles)

ou gruyère râpé
(80 g)

Jambon blanc
(3 tranches)

MATÉRIEL NÉCESSAIRE
- 1 couteau
- 1 planche à découper
- 1 plaque
- papier sulfurisé

les plats

Quel est le point commun entre le hachis Parmentier, l'omelette aux chips, les nuggets de poulet et les pavés de saumon aux courgettes ? C'est TOI qui les as cuisinés ! Et tu n'as pas encore tout vu. Tourne vite les pages qui suivent pour découvrir toutes les bonnes recettes dont tu seras le chef. Viande, poisson, pâtes, légumes… une chose est sûre, tu vas savoir cuisiner comme un pro et nous, on se régale d'avance !

Ingrédients pour 4 personnes

Poulet (4 blancs)
Poivron rouge (1)
Poivron vert (1)
Oignons rouges (2)
Tortillas (8)
Citron vert (1)
- Crème fraîche épaisse (20 cl)
- Huile (6 c. à soupe) • Ail (2 gousses)
- Chili en poudre (1 c. à café)
- Cumin en poudre (1 c. à café)
- Sel, poivre

Matériel nécessaire
- 1 couteau
- 1 planche à découper
- 1 presse-ail • 1 saladier
- 1 poêle • 1 cuillère en bois
- 1 cuillère à soupe
- 3 grands bols et 1 assiette (pour le service)
- 1 presse-agrumes
- 1 plaque ou 1 plat allant au four
- papier d'aluminium

Fajitas au poulet

30 min de préparation
20 min de cuisson ★★☆

1. Coupe les **blancs de poulet** en lamelles. Presse le **citron vert**. Préchauffe le four à 210 °C (th. 7).
2. Épluche les gousses d'**ail**, coupe-les en deux, retire le germe (le cœur) au centre puis écrase-les avec un presse-ail (ou hache-les très finement).
3. Dans un saladier, mets le **poulet**, verse le **jus de citron** puis 4 c. à soupe d'**huile**. Saupoudre de **chili**, de **cumin**, **sale** et **poivre**. Mélange, mets un couvercle et laisse reposer au réfrigérateur.
4. Lave les **poivrons**, essuie-les, retire la queue puis coupe-les en deux dans la hauteur. Retire le cœur, toutes les graines et les petites peaux blanches. Coupe chaque poivron en fines lanières.
5. Épluche puis coupe les **oignons** en fines lamelles.
6. Fais chauffer 2 c. à soupe d'**huile** dans une poêle, ajoute les **oignons** et les **poivrons**. Fais-les revenir 10 min en remuant avec une cuillère en bois.
7. Enveloppe les **tortillas** dans une feuille de papier d'aluminium et fais-les chauffer 10 min au four sur une plaque ou dans un plat.
8. Sors le **poulet** du réfrigérateur et égoutte-le. Mets les morceaux à cuire dans une autre poêle avec 1 c. à soupe d'**huile**. Dès qu'ils sont bien dorés, arrose-les du jus et laisse mijoter encore 5 min.
9. Dispose la **viande**, les **légumes** et les **tortillas** dans des plats différents. Dans une coupelle, verse la **crème**. Chacun se servira.

Super marmitruc
de Kenza, 9 ans

Pour plier la tortilla, dépose la garniture au centre, **ramène 2 côtés opposés vers le centre sans couvrir la garniture. Prends un côté non plié et roule la tortilla.**

Variante gourmande
de Benoit, 12 ans

J'aime bien **rajouter du gruyère râpé** quand je garnis mes tortillas !

20 min de préparation
1 h de cuisson

Frittata aux petits pois et asperges

Super marmitruc
de Dimitri, 11 ans

La frittata est « prise » (cuite), lorsque les œufs sont entièrement cuits : **il ne doit pas rester d'œuf liquide sur la surface de la frittata.**

hummm !

Recette préférée de Zoé, 7 ans

Variante gourmande
d'Amélina, 12 ans

J'ai remplacé les petits pois par des courgettes que j'ai coupées en rondelles puis dorées à la poêle.

1. Épluche et coupe finement l'**oignon**.
2. Dans une sauteuse (allant au four), fais chauffer l'**huile** puis fais-y revenir l'**oignon** à feu doux 20 min avec un couvercle.
3. Plonge les **asperges** et les **petits pois** dans une casserole d'**eau** bouillante **salée** pendant 8 min. Égoutte-les et passe-les sous un jet d'eau froide pour stopper la cuisson.
4. Coupe les **asperges** en petits tronçons.
5. Ajoute les **asperges** et les **petits pois** dans la sauteuse avec l'**oignon** et laisse cuire 10 min.
6. Laisse tiédir l'ensemble 10 min hors du feu.
7. Dans un saladier, fouette les **œufs** avec du **sel**, du **poivre** et le **parmesan** râpé.
8. Verse ce mélange dans la sauteuse et remets sur feu doux 15 min.
9. Préchauffe le gril du four.
10. Lorsque la **frittata** est prise, passe la sauteuse 2 min sous le gril du four.
11. Sers la frittata bien chaude.

matériel nécessaire
- 1 couteau
- 1 planche à découper
- 1 casserole
- 1 passoire
- 1 sauteuse avec couvercle
- 1 râpe
- 1 saladier
- 1 fouet

ingrédients pour 4 personnes

Asperges vertes surgelées (250 g)
Petits pois surgelés (250 g)
Parmesan râpé (60 g)
- Œufs (6) • Oignon (1)
- Huile d'olive (2 c. à soupe)
- Sel, poivre

Ingrédients pour 4 personnes

Escalopes de poulet (4, fines)
Bacon (8 tranches)
Fromage fondu en tranches (4 tranches)
Chapelure (4 c. à soupe)
- Farine (4 c. à soupe)
- Œuf (1)
- Beurre (20 g)

Matériel nécessaire
- 3 assiettes
- 1 fourchette
- 1 poêle

Cordons-bleus

10 min de préparation
8 min de cuisson

1 Sur chaque escalope de **poulet**, dépose 2 tranches de **bacon** l'une à côté de l'autre.

2 Pose une tranche de **fromage** par-dessus.

3 Referme le tout en pliant l'escalope de **poulet** en deux.

4 Verse la **farine** et la **chapelure** dans 2 assiettes différentes.

5 Dans une troisième assiette, casse l'**œuf** et bats-le avec une fourchette.

6 Trempe chaque « **sandwich** » **de poulet** d'abord dans la **farine**, puis dans l'**œuf** battu et pour finir dans la **chapelure**.

7 Fais fondre le **beurre** dans une poêle puis déposes-y les **cordons-bleus** et fais-les dorer quelques minutes de chaque côté.

Super marmitruc
de Thais, 9 ans

À la place de la chapelure, utilise des biscottes réduites en poudre, c'est encore plus croustillant.

Variante gourmande
de Nahel, 8 ans

J'ai utilisé du gruyère râpé à la place du fromage fondu.

5 min de préparation
12 min de cuisson

Spaghettis à la carbonara

Super marmitruc
de Vera, 9 ans

Pour une recette vraiment « italienne », **utilise de la pancetta à la place des lardons**.

Variante gourmande
de Mathieu, 12 ans

J'ai mélangé le parmesan directement avec les jaunes d'œufs, ça donne une sauce bien crémeuse !

① Porte à ébullition une grande casserole d'**eau** salée. Plonges-y les **spaghettis** et laisse-les cuire environ 10-12 min.

② Pendant la cuisson des spaghettis, fais revenir les **lardons** sans matières grasses dans une poêle, jusqu'à ce qu'ils soient bien dorés.

③ Baisse le feu et ajoute la **crème fraîche**, remue bien.

④ **Sale** légèrement, **poivre** généreusement et ajoute les **jaunes d'œufs** en fouettant pour qu'ils ne cuisent pas.

⑤ Égoutte les **pâtes**. Verse-les dans la poêle, mélange et transvase le tout dans un plat de service.

⑥ Sers en présentant le **parmesan** à part. Chacun se servira comme il le souhaite.

MATÉRIEL NÉCESSAIRE
- 1 grande casserole
- 1 passoire
- 1 poêle
- 1 cuillère en bois
- 1 fouet

INGRÉDIENTS POUR 4 PERSONNES
Spaghettis (450 g)
Lardons fumés (300 g)
Parmesan râpé (80 g)
- Crème fraîche (40 cl)
- Jaunes d'œufs (4)
- Sel, poivre

INGRÉDIENTS POUR 4 PERSONNES

Rigatonis (400 g)
Viande de bœuf hachée (500 g)
Aubergine (1)
Sauce tomate provençale (1 gros pot)
- Oignon (1) • Sel, poivre
- Copeaux de parmesan
- Huile d'olive (2 c. à soupe)

MATÉRIEL NÉCESSAIRE
- 1 couteau
- 1 planche à découper
- 1 poêle
- 1 casserole
- 1 cuillère en bois
- 1 passoire

Rigatonis à la viande et aux tomates

10 min de préparation
25 min de cuisson

1. Épluche et coupe l'**oignon** en fines lamelles.
2. Lave l'**aubergine**. Coupe-la en rondelles ultra fines (si tu en as une, utilise une mandoline avec l'aide d'un adulte).
3. Fais chauffer 1 c. à soupe d'**huile** dans une poêle puis fais-y revenir l'**oignon**. Quand il commence à dorer, ajoute la **viande hachée**, du **sel** et du **poivre**.
4. Fais cuire les **rigatonis** dans une grande casserole d'**eau** bouillante **salée** selon le temps indiqué sur le paquet (généralement 11 min).
5. Verse la **sauce tomate** dans la poêle, remue et laisse mijoter sur feu doux.
6. Égoutte les **rigatonis**, remets-les dans la casserole puis verse la **sauce à la viande** dessus. Mélange bien et laisse sur feu très doux pour maintenir au chaud.
7. Fais chauffer 1 c. à soupe d'**huile d'olive** dans la poêle puis fais-y revenir rapidement les rondelles d'**aubergine** (plus elles seront fines, plus elles cuiront rapidement). Retire-les de la poêle et enroule-les sur elles-mêmes.
8. Répartis les **pâtes** dans chaque assiette puis dépose quelques **aubergines** roulées et des copeaux de **parmesan** par-dessus.

Super marmitruc
d'Alexandre, 11 ans

Pour des pâtes al dente (un peu fermes), cuis-les 1 ou 2 min de moins que le temps indiqué sur le paquet.

Fastoche !

Recette préférée de Cédric, 11 ans

Variante gourmande
de Caroline, 10 ans

J'ai remplacé les aubergines par des champignons de Paris coupés en gros morceaux.

30 min de préparation
50 min de cuisson

Courgettes farcies

Super marmitruc
de Téo, 10 ans

Pour être sûr que la courgette est bien cuite, plante la lame d'un couteau sur un côté : elle doit s'y enfoncer facilement. Si ce n'est pas le cas, laisse cuire encore un peu.

Variante gourmande
de Lara, 12 ans

J'ai ajouté du riz dans le fond du plat, avec un peu d'eau : ça fait un plat complet !

1 Préchauffe le four à 210 °C (th. 7).

2 Épluche l'**ail** et l'**oignon**. Coupe-les en deux, retire le germe (le cœur) de l'**ail** puis hache-les tous les deux avec un couteau ou dans un petit mixeur.

3 Lave et essuie le **persil**. Hache-le au couteau ou dans un petit mixeur.

4 Coupe les **tomates pelées** en morceaux.

5 Lave les **courgettes**, essuie-les. Avec un couteau, coupe la queue (et jette-la).

6 Avec une cuillère, creuse l'intérieur des **courgettes** en retirant la chair que tu mettras de côté.

7 Dans une poêle, fais chauffer 2 c. à soupe d'**huile d'olive** puis fais-y revenir la **viande** hachée.

8 Ajoute le **persil**, l'**oignon**, l'**ail**, le **basilic** et l'**origan**. Mélange et laisse cuire 5 min. **Sale** et **poivre**.

9 Dans une casserole, fais fondre la **chair des courgettes** et les **tomates** dans 5 cl d'**eau**.

10 Lorsque le mélange est bien homogène, ajoute la **viande**, les **miettes de pain** ainsi que le **parmesan**.

11 Garnis les **courgettes** avec cette préparation.

12 Place les **courgettes farcies** dans un plat à gratin, place-le dans le four et laisse cuire pendant 35 min.

MATÉRIEL NÉCESSAIRE
- 1 couteau
- 1 planche à découper
- 1 petit mixeur (facultatif)
- 1 poêle
- 1 casserole
- 1 plat à gratin
- 1 cuillère

INGRÉDIENTS POUR 4 PERSONNES

Courgettes rondes (4)
Viande de bœuf hachée (450 g)
Tomates pelées en boîte (2)
Parmesan râpé (100 g)
Persil (½ bouquet)
Miettes de pain (150 g)
- Oignon (1) • Ail (1 gousse)
- Basilic séché (1 c. à café)
- Origan séché (1 c. à café)
- Huile d'olive (2 c. à soupe)
- Sel, poivre

Ingrédients pour 4 personnes

Aubergines (1 grosse ou 2 petites)
Courgettes (2)
Tomate (1)
- Oignon (1 gros)
- Ail (2 gousses)
- Huile d'olive (2 c. à soupe)
- Herbes de Provence
- Sel, poivre

Matériel nécessaire
- 1 couteau
- 1 planche à découper
- 1 grande poêle avec couvercle
- 1 cuillère en bois

Ratatouille

20 min de préparation
50 min de cuisson

1. Lave et essuie les **aubergines**, les **courgettes** et la **tomate**.
2. Épluche l'**oignon** et hache-le finement.
3. Épluche l'**ail**, coupe chaque gousse en deux, retire le germe (le cœur) et hache-les finement.
4. Coupe la **tomate** en quartiers, les **aubergines** et les **courgettes** en gros morceaux.
5. Dans une grande poêle à bord haut, fais chauffer l'**huile d'olive** puis fais-y revenir l'**oignon**.
6. Ajoute les quartiers de **tomate** et laisse revenir le tout 2 à 3 min.
7. Ajoute ensuite les morceaux d'**aubergines** et de **courgettes**, un peu d'**herbes de Provence** et l'**ail**. **Sale** et **poivre**.
8. Couvre et laisse cuire 40 min en remuant de temps en temps.

Super marmitruc
de Grégoire, 8 ans

Pour gagner du temps ou si tu n'as pas de tomates mûres, remplace-les par une petite boîte de tomates concassées.

Variante gourmande
de Maya, 9 ans

J'ai ajouté un poivron rouge et un poivron jaune.

20 min de préparation
55 min de cuisson

Gratin de pommes de terre et brocolis

Tu peux préparer le gratin avant le repas et le passer au four au dernier moment : fais-le gratiner 30 min dans un four à 175 °C (th. 5-6).

Variante gourmande
de Manoah, 10 ans

J'ai rajouté des lardons que j'ai fait dorer à la poêle avant.

1 Épluche les **pommes de terre** puis rince-les à l'eau. Plonge-les dans une grande casserole d'eau froide, puis fais-les cuire à petits bouillons pendant 20 min, ou 30 min si elles sont grosses.

2 Détache les bouquets de **brocolis** à l'aide d'un couteau puis fais-les cuire dans une casserole d'eau bouillante salée 10 min.

3 Préchauffe le four à 200 °C (th. 6-7).

4 Une fois les **pommes de terre** cuites, égoutte-les puis découpe-les en grosses rondelles. Égoutte les **brocolis** et coupe-les en tranches dans le sens de la longueur.

5 Dans un plat à gratin, dépose en couches alternées les **pommes de terre** puis les **brocolis**.

6 Épluche la gousse d'**ail**, coupe-la en deux, retire le germe (le cœur) avec un couteau puis presse-la avec un presse-ail (ou hache-la très finement).

7 Dans une poêle antiadhésive, fais bouillir la **crème liquide**, baisse le feu puis ajoute 100 g de **comté** râpé et la gousse d'**ail** pressée. **Sale**, **poivre** et râpe un peu de **noix de muscade** sur l'ensemble. Fais cuire à petits bouillons pendant 3 min.

8 Verse la **crème** sur les **pommes de terre** et les **brocolis**. Saupoudre du restant de **comté**.

9 Enfourne et laisse gratiner 15 à 20 min.

MATÉRIEL NÉCESSAIRE
- 1 couteau
- 1 planche à découper
- 2 grandes casseroles
- 1 poêle antiadhésive
- 1 râpe
- 1 presse-ail
- 1 passoire
- 1 plat à gratin
- 1 éplucke-légumes

INGRÉDIENTS POUR 4 PERSONNES
Brocolis (1 tête)
Comté râpé (120 g)
- Pommes de terre (4 grosses ou 8 petites)
- Crème liquide (40 cl)
- Ail (1 gousse)
- Noix de muscade
- Sel, poivre

Ingrédients pour 6 personnes

Pâte à pizza (1 rouleau)
Fromage à raclette (180 g)
Persil plat (5 brins)
- Pommes de terre (4)
- Oignon (1) • Ail (2 gousses)
- Crème fraîche (6 c. à soupe)
- Huile d'olive
- Sel, poivre

Matériel nécessaire

- 1 épluche-légumes
- 1 couteau • 1 passoire
- 1 planche à découper
- 1 grande casserole
- 1 poêle • 1 bol • 1 cuillère à soupe • 1 plaque
- papier sulfurisé
- 1 petit mixeur (facultatif)

Pizza aux pommes de terre

30 min de préparation
40 min de cuisson

★☆☆

1. Épluche les **pommes de terre**, lave-les puis plonge-les dans une casserole d'**eau** froide **salée**. Fais-les cuire à petits bouillons pendant environ 20 min.
2. Épluche l'**oignon** et les gousses d'**ail**. Hache-les avec un couteau ou un petit mixeur.
3. Fais chauffer un peu d'**huile d'olive** dans une poêle puis fais-y revenir le mélange **oignon-ail**. Une fois doré, mets-le de côté.
4. Dans un bol, prépare une sauce en mélangeant la **crème fraîche** et du **persil** haché. Ajoute le mélange **oignon-ail** refroidi.
5. Préchauffe le four à 200 °C (th. 6-7).
6. Égoutte les **pommes de terre**, laisse-les refroidir un peu puis coupe-les en fines rondelles.
7. Étale la **pâte à pizza** sur une plaque avec le papier sulfurisé. Étale dessus la moitié de la sauce à la **crème fraîche**.
8. Dispose les tranches de **raclette** dessus puis recouvre de rondelles de **pommes de terre**.
9. Termine en versant le reste de sauce à la **crème fraîche**.
10. Enfourne et laisse cuire 15 à 20 min.

Super marmitruc
de Kody, 12 ans

Pour obtenir une pizza carrée, coupe les « bords » de la pâte à pizza à l'aide d'un couteau.

Variante gourmande
de Chloé, 8 ans

" J'ai rajouté des morceaux de **jambon blanc** entre les rondelles de pommes de terre. "

10 min de préparation
10 min de cuisson

Croque-monsieur au comté

Super marmitruc
de Léon, 9 ans

J'utilise des tranches de fromage fondu à la place du comté : c'est plus rapide !

Variante gourmande
de Sarah, 8 ans

Je rajoute une tranche de fromage supplémentaire, avant de mettre le jambon ; c'est encore meilleur !

1. Préchauffe le four à 200 °C (th. 6-7) sans oublier d'en retirer la grille.
2. Pose les tranches de **pain de mie** sur un plan de travail et **beurre**-les légèrement, seulement d'un côté.
3. Coupe chaque tranche de **jambon** en deux.
4. Découpe le **comté** en 8 belles tranches.
5. Sur 8 **tranches de pain** (les autres serviront à refermer les croque-monsieur), dispose une **demi-tranche de jambon** puis une **tranche de comté** par-dessus.
6. Referme chaque croque-monsieur avec une **tranche de pain** côté beurré à l'intérieur.
7. Recouvre la grille du four d'une feuille de papier sulfurisé.
8. Dépose les **croque-monsieur** dessus puis **beurre**-les une dernière fois sur le dessus.
9. Place la grille dans le four et laisse dorer les **croque-monsieur** 5 à 10 min.

MATÉRIEL NÉCESSAIRE
- 1 couteau
- 1 grille de four
- 1 planche à découper
- papier sulfurisé

INGRÉDIENTS POUR 4 PERSONNES
Pain de mie (16 tranches)
Jambon blanc (4 tranches)
Comté affiné 12 mois (300 g)
- Beurre (20 g)

ingrédients pour 4 personnes
Escalopes de poulet (4)
Chapelure (50 g)
- Blancs d'œufs (4)
- Huile (6 c. à soupe)
- Sel, poivre

matériel nécessaire
- 1 robot mixeur
- 1 cuillère à soupe
- 1 poêle
- 1 saladier

Nuggets de poulet

10 min de préparation
10 min de cuisson

1. Dans un robot mixeur, mixe chaque escalope de **poulet** avec 1 **blanc d'œuf**. Recommence l'opération avec les 3 autres escalopes et les 3 autres blancs d'œufs. Mets ce **hachis** dans un saladier.

2. Ajoute du **sel** et du **poivre**.

3. Verse la **chapelure** dans une assiette.

4. À l'aide d'une cuillère à soupe, forme des petites boulettes avec le **hachis**.

5. Roule les **boulettes** dans la **chapelure** afin de les recouvrir entièrement.

6. Dans une poêle, fais chauffer l'**huile** et fais-y cuire les **nuggets** : retourne-les au bout de 4 à 5 min, ils doivent être bien dorés.

Super marmitruc
de Léon, 11 ans

Tu peux aussi les cuire au four sur une plaque recouverte de papier sulfurisé, **20 min à 180 °C (th. 6)**.

Variante gourmande
de Kaoutar, 10 ans

J'ai ajouté un peu de mélange **5 épices dans le hachis**, ça a donné beaucoup de goût.

15 min de préparation
10 min de cuisson

hamburgers maison

Super marmitruc
de Lola, 12 ans

Passe les pains coupés en deux quelques minutes sous le gril du four pour les rendre croustillants.

Énorme !

Recette préférée d'Amédéo, 10 ans

〝 Variante gourmande
de Soizic, 10 ans

Moi, je n'aime pas le fromage fondu, alors je le remplace par 1 tranche de bacon, j'adore ! 〟

① Épluche et coupe les **oignons** en fines lamelles.

② Lave 4 petites feuilles de **salade** et essuie-les.

③ Lave et sèche la **tomate** puis coupe-la en fines rondelles sur la planche à découper.

④ Dans une poêle à feu vif, fais chauffer un peu d'**huile d'olive**. Ajoute les **steaks** et fais-les cuire 2 à 4 min de chaque côté (selon la cuisson désirée), retourne-les avec une spatule.

⑤ Une fois les **steaks** saisis, coupe le feu, pose 1 tranche de **cheddar** sur chacun et laisse-la fondre.

⑥ Dans un bol, mélange la **moutarde** et le **ketchup**.

⑦ Coupe les **pains** en deux dans l'épaisseur.

⑧ Tartine-les du mélange **moutarde-ketchup**.

⑨ Dépose les **steaks** avec le **fromage** sur une moitié de chaque **pain**.

⑩ Ajoute 1 petite feuille de **salade**, 1 ou 2 rondelles de **tomate** et 1 rondelle d'**oignon** (si tu aimes).

⑪ Referme les **hamburgers** avec les moitiés de **pain** restantes.

Tu trouveras les recettes de la mayonnaise et du ketchup maison pages 138 et 139.

matériel nécessaire
- 1 couteau
- 1 planche à découper
- 1 poêle • 1 bol
- 1 cuillère
- 1 spatule

ingrédients pour 4 personnes
Pains à hamburger (4)
Steaks hachés (4)
Fromage type cheddar (4 tranches)
Oignons rouges (4)
- Tomate (1) • Salade (1)
- Moutarde (2 c. à soupe)
- Ketchup (2 c. à soupe)
- Huile d'olive

ingrédients pour 4 personnes

Colin
(4 tranches)
Court-bouillon au citron (1 cube)
- Ail en poudre
- Oignon en poudre
- Persil (½ bouquet)
- Huile d'olive (1 c. à café)

matériel nécessaire
- 1 plat allant au four
- papier sulfurisé
- 1 couteau
- 1 planche à découper

Filets de colin en papillote

5 min de préparation
25 min de cuisson

1. Préchauffe le four à 210 °C (th. 7).
2. Lave et essuie le persil. Hache-le avec un couteau.
3. Découpe 4 morceaux de papier sulfurisé.
4. Sur chaque feuille, dépose 1 tranche de **colin**, ajoute 1 c. à café d'**huile d'olive**, 1 c. à café d'**oignon** et une pincée d'**ail**.
5. Émiette le quart d'un cube de **court-bouillon** sur chaque tranche de poisson, verse un peu d'**eau** (le fond d'un verre) et parsème de **persil** haché.
6. Ferme les **papillotes** hermétiquement. Dépose-les dans un plat allant au four.
7. Enfourne les **papillotes** et laisse cuire 20 à 25 min.

Super marmitruc
de Colette, 8 ans

Pour bien fermer les papillotes, dépose la garniture au centre du carré de papier sulfurisé puis rabats deux côtés opposés l'un sur l'autre. Termine en ramenant les deux côtés restants sous la papillote.

Variante gourmande
de Callista, 12 ans

J'ajoute une rondelle de tomate sur chaque tranche de poisson, ça fait son petit effet !

15 min de préparation
30 min de cuisson

Super marmitruc
de Romain, 8 ans

N'utilise pas un plat trop grand, afin de pouvoir faire des couches de légumes assez épaisses.

Variante gourmande
d'Anaïs, 11 ans

J'ai accompagné ce plat de tagliatelles fraîches, c'était vraiment très bon.

Pavés de saumon aux courgettes et tomates

1 Préchauffe le four à 170 °C (th. 5-6).

2 Lave les **courgettes** et les **tomates cerises**. Coupe les **courgettes** en très fines lamelles et les **tomates cerises** en deux.

3 Dans un plat à gratin, dispose 2 ou 3 couches de lamelles de **courgettes**. Dépose les pavés de **saumon** dessus. Répartis les **tomates cerises** et éventuellement les rondelles de **courgettes** restantes.

4 Dans un bol, mélange la **crème liquide** avec du **sel** et du **poivre**. Verse ce mélange sur le **saumon** et les **légumes** : la sauce ne doit pas dépasser 3 cm de hauteur dans le plat.

5 Enfourne et laisse cuire 30 min.

6 À la sortie du four, ajoute quelques feuilles de **basilic** lavées et séchées puis sers.

MATÉRIEL NÉCESSAIRE
- 1 couteau
- 1 planche à découper
- 1 plat à gratin
- 1 bol
- 1 cuillère

Ingrédients pour 2 personnes

Saumon (2 pavés sans la peau)
Courgettes (4 grosses)
Tomates cerises (150 g)
Basilic (3 brins) (quelques feuilles)
- Crème liquide (50 cl)
- Sel, poivre

ingrédients pour 4 personnes

Épaule d'agneau
(400 g, coupée en morceaux)
Poivron (1)
Tomates (2)
Concombre (1)
- Oignons (2) • Citron (1)
- Huile d'olive
- Sel, poivre

matériel nécessaire
- 1 couteau
- 1 planche à découper
- 1 presse-agrumes
- 1 saladier • 1 cuillère
- Piques en bois • 1 plaque
- 1 verre à moutarde
- 1 épluche-légumes

brochettes d'agneau

40 min de préparation
30 min de cuisson
1 h de repos

1. Presse le **citron**.

2. Lave le **poivron** et essuie-le. À l'aide d'un couteau, retire la queue puis coupe le poivron en deux dans le sens de la longueur. Retire les pépins et les peaux blanches. Coupe chaque **demi-poivron** en grosses lanières puis en gros dés.

3. Épluche et coupe les **oignons** en gros dés.

4. Dans un saladier, verse ½ verre d'**huile d'olive** et le jus du **citron**. **Sale** et **poivre**. Ajoute les dés de **poivron**, les **oignons** et les morceaux de **viande**. Mélange puis laisse reposer 1 h.

5. Prends une pique à brochette. Piques-y, en alternance, des morceaux de **viande**, de **poivron** et d'**oignon** (compte 3 morceaux de viande par brochette). Réalise ainsi d'autres brochettes jusqu'à épuisement des ingrédients.

6. Préchauffe le gril du four.

7. **Huile** la plaque du four puis dépose les **brochettes** dessus. Enfourne et laisse cuire 20 à 30 min, en retournant les **brochettes** afin qu'elles soient dorées de tous les côtés.

8. Pendant ce temps, lave les **tomates**. Épluche le **concombre**. Coupe les **tomates** et le **concombre** en rondelles.

9. Sers les **brochettes** grillées avec les **crudités**, arrosées d'un filet d'**huile d'olive**.

Super marmitruc
de Lucas, 12 ans

Plutôt que le gril du four, **j'ai utilisé une poêle gril (une poêle en fonte avec des stries)** sur feu vif pendant 10 minutes.

Variante gourmande
de Laura, 9 ans

J'ai ajouté des herbes de Provence avec l'huile d'olive et le jus de citron, c'était très bon.

5 min de préparation
5 min de cuisson

Omelette aux chips

1. Ouvre le paquet de **chips** et écrase-les directement dans leur paquet.

2. Dans un bol, bats les **œufs** avec une fourchette.

3. Lave et coupe finement le **persil**. Ajoute-le aux **œufs** et mélange bien. Ajoute les miettes de **chips**.

4. Dans une petite poêle, fais chauffer 1 c. à soupe d'**huile d'olive**. Verse la préparation aux **œufs** dans la poêle et laisse l'**omelette** prendre sur feu moyen-vif pendant quelques minutes.

5. Quand le dessous est bien doré, pose une assiette sur la poêle puis retourne l'ensemble en prenant soin de ne pas te brûler (utilise des maniques). Remets ensuite l'**omelette** dans la poêle afin de cuire l'autre face.

6. Une fois l'autre face bien dorée, verse ton **omelette** dans une assiette et déguste-la.

Super marmitruc
de Luis, 9 ans

Cuis l'omelette au four dans **un moule un peu haut**, 15 min à 180 °C (th. 6) : tu n'auras pas besoin de la retourner !

délicieux !

Recette préférée de Céline, 9 ans

Variante gourmande
de Lena, 11 ans

J'ai remplacé les chips par **des tortillas mexicaines et j'ai accompagné l'omelette de guacamole**, c'était top !

MATÉRIEL NÉCESSAIRE
- 1 couteau
- 1 planche à découper
- 1 bol
- 1 fourchette
- 1 petite poêle
- 1 assiette
- 1 cuillère à soupe

ingrédients pour 2 personnes
Chips (2 petits paquets, 60 g)
Persil plat (6 brins)
- Œufs (4) • Huile d'olive

ingrédients pour 2 personnes

Crevettes roses décortiquées (200 g)

Petits pois surgelés (150 g)

- Riz long grain (100 g) • Oignon (1)
- Ail (1 gousse)
- Curry (2 c. à café)
- Sauce soja • Poivre
- Huile d'olive

matériel nécessaire

- 2 casseroles
- 1 grande poêle • 1 couteau
- 1 planche à découper
- 1 cuillère en bois
- 1 passoire

Riz sauté aux crevettes et aux petits pois

10 min de préparation
30 min de cuisson

1. Fais cuire le **riz** dans une casserole d'**eau** bouillante **salée** : compte 10 min de cuisson environ (ou suis les indications sur le paquet). Égoutte-le et passe-le sous l'eau froide.

2. Fais cuire les **petits pois** dans une casserole d'**eau** bouillante **salée** une dizaine de minutes : ils doivent rester croquants. Égoutte-les et passe-les sous l'eau froide.

3. Épluche et hache finement l'**ail** et l'**oignon**.

4. Fais chauffer 1 c. à soupe d'**huile d'olive** dans une grande poêle et fais-y dorer le mélange **ail-oignon**.

5. Ajoute les **crevettes** et fais-les dorer quelques instants sur feu vif.

6. **Poivre** et ajoute le **curry**. Remue vivement.

7. Ajoute la **sauce soja**, remue puis verse le **riz** et les **petits pois**. Laisse cuire sur feu doux en remuant régulièrement jusqu'à ce que l'ensemble soit bien chaud.

Super marmitruc
de Mickaëla, 12 ans

Pour une recette express, **tu peux utiliser une petite boîte de petits pois**.

Variante gourmande
de Yannis, 11 ans

Cela marche aussi très bien **avec des blancs de poulet** en plus ou en remplacement des crevettes.

Poulet léger au fromage de chèvre

25 min de préparation
30 min de cuisson

Super marmitruc
de Maximilien, 12 ans

Pour éviter que le poulet ne sèche, cuis-le dans des papillotes de feuilles d'aluminium. Puis fais dorer le fromage 5 min sous le gril avant de servir.

Variante gourmande
d'Oscar, 9 ans

Je mets le fromage directement sur le poulet, **comme des tartines**, c'est trop bon !

1. Préchauffe le four à 220 °C (th. 7-8).

2. Coupe les **4 blancs de poulet** en deux dans le sens de la longueur. Saupoudre-les de **cannelle**, de **cumin** et de **poivre**.

3. Recouvre la grille du four de papier d'aluminium et dispose les 4 morceaux de **poulet** dessus.

4. Coupe le **fromage de chèvre** en grosses tranches et dispose-les sur les morceaux de **poulet** pour les recouvrir.

5. Pose ensuite par-dessus les 4 moitiés de **poulet** restantes.

6. Arrose le **poulet** d'un filet d'**huile d'olive**. **Sale** et **poivre**.

7. Enfourne et laisse cuire 25 à 30 min.

INGRÉDIENTS POUR 4 PERSONNES

Blancs de poulet (4)
Crottins de Chavignol (2)
• Cumin • Cannelle
• Huile d'olive
• Sel, poivre

MATÉRIEL NÉCESSAIRE
• 1 couteau
• 1 planche à découper
• 1 grille de four

Ingrédients pour 3 personnes

Spaghettis (250 g)
Steaks hachés (3)
Concentré de tomates (140 g)
- Échalotes (2)
- Beurre (50 g)
- Sel

Matériel nécessaire
- 1 couteau
- 1 planche à découper
- 1 casserole
- 1 poêle
- 1 cuillère en bois
- 1 grand bol
- 1 petite cuillère
- 1 passoire

Spaghettis à la bolognaise

10 min de préparation
15 min de cuisson ★★☆

1. Épluche et coupe les **échalotes** en fines lamelles.
2. Fais cuire les **spaghettis** dans une casserole d'**eau** bouillante **salée** le temps indiqué sur le paquet (compte environ 10 min).
3. Dans une poêle, fais fondre le **beurre** puis fais-y cuire les **échalotes** jusqu'à ce qu'elles soient bien colorées, cela peut prendre 2 à 3 min.
4. Pendant ce temps, coupe les **steaks** en petits morceaux.
5. Ajoute la **viande** aux **échalotes**, remue avec une cuillère en bois pendant 1 ou 2 min.
6. Verse le **concentré de tomates** dans un grand bol puis ajoute un peu d'**eau** pour le rendre plus « crémeux ». Ajoute-le à la **viande**. Mélange bien.
7. Égoutte les **pâtes** et mélange-les à la **sauce à la viande**, ou sers-les séparément.

Super marmitruc
de Suzanne, 9 ans

Pour avoir plus de sauce dans la bolognaise, **remplace le concentré par un pot de sauce tomate à la provençale.**

tip top !

Recette préférée de Yves-Dorian, 10 ans

Variante gourmande
de Charlotte, 12 ans

Je rajoute des lardons que je fais dorer à la poêle.

25 min de préparation
40 min de cuisson

Super marmitruc
de Naëlle, 9 ans

Pour une recette plus rapide, **utilise de la purée en flocons.**

Variante gourmande
de Sophie, 10 ans

J'ai remplacé les tomates par un petit pot de sauce tomate. On s'est régalé.

hachis parmentier

1. Prépare la purée : épluche et lave les **pommes de terre** puis fais-les cuire dans une grande casserole d'**eau** bouillante **salée** pendant 30 min.

2. Pendant ce temps, épluche et hache les **oignons** et les **gousses d'ail** (en enlevant le cœur au centre de chaque gousse d'ail).

3. Lave les **tomates**, essuie-les et coupe-les en dés.

4. Dans une cocotte, fais fondre une noix (environ 1 c. à café) de **beurre**. Ajoute les **oignons** et l'**ail** et laisse-les cuire en remuant souvent.

5. Ajoute les **tomates**, la **viande hachée**, la **farine**, du **sel**, du **poivre** et des **herbes de Provence**. Laisse mijoter une dizaine de minutes.

6. Quand tout est cuit, coupe le feu puis ajoute le **jaune d'œuf**. Mélange.

7. Étale cette préparation au fond d'un plat à gratin.

8. Préchauffe le gril du four.

9. Égoutte les **pommes de terre** dans une passoire. Mets-les dans un saladier et écrase-les avec un presse-purée (utilise une fourchette si tu n'en as pas). Ajoute le **lait** et une noix de **beurre**. Mélange bien.

10. Étale la **purée** sur la **viande**. Saupoudre de **fromage** râpé et fais gratiner au four pendant 10 minutes.

Ingrédients pour 4 personnes

Viande de bœuf hachée (400 g)
Tomates (2)
Pommes de terre (1 kg)
- Oignons (2) • Ail (2 gousses)
- Jaune d'œuf (1) • Farine (1 c. à soupe)
- Herbes de Provence
- Lait (20 cl)
- Fromage râpé (50 g)
- Beurre
- Sel, poivre

Matériel nécessaire
- 1 grande casserole
- 1 cocotte • 1 couteau
- 1 planche à découper
- 1 passoire
- 1 plat à gratin • 1 cuillère en bois • 1 passoire
- 1 saladier
- 1 épluche-légumes
- 1 presse-purée

INGRÉDIENTS POUR 2 PERSONNES

Laurier (4 feuilles)
Ciboulette (5 brins)
- Pommes de terre (4)
- Gruyère râpé (50 g)

MATÉRIEL NÉCESSAIRE
- 1 couteau
- 1 plaque
- papier aluminium

Pommes de terre au four

15 min de préparation
40 min de cuisson

1. Préchauffe le four à 240 °C (th. 8).
2. Lave les **pommes de terre** et essuie-les. Lave et essuie le **laurier** et la **ciboulette**.
3. Fais une ouverture assez profonde sur le dessus de chaque **pomme de terre** de manière à pouvoir y glisser les feuilles de **laurier**.
4. Glisse 1 feuille de **laurier** dans chaque **pomme de terre**.
5. Emballe chacune dans une feuille de papier d'aluminium. Dispose-les sur une plaque et enfourne 40 min : vérifie la cuisson en plantant la lame d'un couteau au centre, elle doit s'y enfoncer facilement.
6. Enfile des maniques et retire l'aluminium autour des **pommes de terre**. Parsème chacune d'elles de **fromage râpé** et enfourne quelques instants afin que le fromage commence à fondre.
7. Coupe finement la **ciboulette** et ajoutes-en sur les **pommes de terre** avant de servir.

Super marmitruc
de Clémence, 12 ans

Pour une cuisson express, **emballe les pommes de terre dans du papier sulfurisé et fais-les cuire 7 min au micro-ondes.**

Variante gourmande
de Maxime, 10 ans

Avant de mettre la feuille de laurier, **j'ajoute 1 c. à soupe de crème fraîche dans le creux de chaque pomme de terre** pour ne pas qu'elle se dessèche.

15 min de préparation
25 min de cuisson

Gratin de macaronis au gruyère

Super marmitruc
de Diane, 12 ans

Pour un gratin vraiment croustillant, mélange l'emmental avec 3 biscottes réduites en poudre ou de la chapelure.

Variante gourmande
de Justine, 8 ans

J'ai ajouté des saucisses Knacki coupées en rondelles.

① Préchauffe le four à 200 °C (th. 6-7).

② Remplis une casserole d'**eau** et fais-la chauffer jusqu'à ébullition.

③ **Sale** l'eau et plonge les **macaronis** dedans : laisse-les cuire le temps indiqué sur le paquet de sorte qu'ils soient *al dente* (fermes) pendant 8 min.

④ Pendant la cuisson des pâtes, fais fondre le **cube de bouillon** dans une petite casserole avec environ 25 cl d'**eau** bouillante.

⑤ Ajoute la **crème fraîche** dans cette casserole, mélange et laisse refroidir hors du feu.

⑥ Égoutte les **macaronis**.

⑦ Verse-les dans un plat à gratin puis verse le bouillon crémeux : attention, le **bouillon** ne doit pas recouvrir les pâtes (laisse 1 cm de pâtes hors du liquide).

⑧ Recouvre de **gruyère râpé** puis enfourne et laisse cuire 15 min environ.

matériel nécessaire
- 1 grande casserole
- 1 petite casserole
- 1 cuillère
- 1 plat à gratin
- 1 passoire

ingrédients pour 6 personnes
Macaronis (500 g)
Crème fraîche semi-épaisse (20 cl)
Gruyère râpé (50 g)
- Bouillon de poulet ou de légumes (1 cube)
- Sel

les desserts

MIAM, des desserts ! Rien que d'y penser, tu as déjà l'eau à la bouche ? C'est normal au vu de tout ce qui t'attend. La bonne nouvelle, c'est que tu vas pouvoir réaliser toi-même tous tes desserts préférés. Du gâteau au chocolat à la tarte aux pommes en passant par les cookies, le riz au lait ou encore les crêpes, tu vas pouvoir régaler tes parents, tes amis et bien plus encore. Car s'il y a bien une chose qu'on aime lorsque l'on cuisine, c'est partager ses bonnes recettes !

ingrédients pour 4 personnes

Chocolat noir pâtissier (100 g)
- Œufs (3) • Sucre (120 g)
- Beurre (90 g + pour les ramequins)
- Farine (40 g)

matériel nécessaire
- 2 saladiers
- 1 casserole
- 1 cuillère en bois
- 1 fouet électrique
- 4 ramequins ou moules en aluminium
- 1 plaque papier sulfurisé

Mi-cuits au chocolat

10 min de préparation
25 min de cuisson

1. Préchauffe le four à 200 °C (th. 6-7).

2. Casse le **chocolat** en morceaux et coupe le **beurre** en dés (garde un « dé » de beurre pour les ramequins). Mets ces deux ingrédients dans un saladier qui supporte la chaleur.

3. Remplis le fond d'une casserole d'eau et place le saladier dessus (il ne doit pas toucher l'eau mais juste les bords de la casserole).

4. Place la casserole sur feu moyen et laisse fondre le **beurre** et le **chocolat**. Remue avec une cuillère en bois.

5. Dans un autre saladier, bats les **œufs** et le **sucre** à l'aide d'un fouet électrique jusqu'à ce que le mélange blanchisse.

6. Verse le mélange **chocolat-beurre** dans le saladier avec les **œufs** et le **sucre**.

7. Ajoute la **farine** et mélange bien.

8. **Beurre** des ramequins ou des moules en aluminium jetables et verse la préparation dedans.

9. Dépose les ramequins sur une plaque et place celle-ci dans le four. Laisse cuire 15 min environ : le dessus de chaque mi-cuit doit former une croûte.

10. Sers les mi-cuits dès la sortie du four, démoulés ou non.

Super marmitruc
de Manuella, 9 ans

La pâte à mi-cuits se congèle très bien directement dans les ramequins. Quand tu veux les cuire, laisse-les juste 3 minutes de plus que le temps indiqué dans la recette.

Variante gourmande
de Matthieu, 12 ans

J'ajoute une petite cuillère de Nutella au milieu de chaque gâteau avant de les enfourner, c'est trop bon !

20 min de préparation
45 min de cuisson

★★☆

Clafoutis aux abricots

Super marmitruc
de Tom, 9 ans

Pour une recette encore plus simple et rapide, **on peut utiliser des abricots au sirop.**

dé-li-cieux !

Recette préférée de Christelle, 9 ans

Variante gourmande
de Nadia

J'ai remplacé les abricots par des mirabelles de mon jardin, c'était vraiment bon.

1. Préchauffe le four à 180 °C (th. 6).
2. Dans un saladier, mélange les **œufs**, le **sucre**, le **sucre vanillé**, le **sel** et la **farine** (ou la **Maïzena**).
3. Fais bouillir le **lait** dans une casserole puis ajoute-le au mélange.
4. Lave les **abricots** et essuie-les avec un torchon. Avec un petit couteau, coupe chaque **abricot** en deux et retire le noyau.
5. **Beurre** (beaucoup !) un plat à gratin.
6. Pose les **demi-abricots** dans le fond du plat, côté bombé sur le dessus.
7. Verse le **mélange aux œufs** dessus.
8. Place le plat dans le four et laisse cuire 35 min.
9. Parsème le dessus du clafoutis d'**amandes effilées** puis laisse cuire encore 10 min dans le four.
10. Sers ce clafoutis tiède ou froid.

Matériel nécessaire
- 1 plat à gratin
- 1 saladier
- 1 fouet
- 1 couteau
- 1 casserole

Ingrédients pour 6 personnes
- Abricots frais (500 g)
- Amandes effilées (30 g)
- Sucre (60 g)
- Sucre vanillé (1 sachet)
- Farine ou Maïzena (2 c. à soupe)
- Lait (25 cl)
- Œufs (3)
- Beurre
- Sel (1 pincée)

Ingrédients pour 6 personnes
Pâte feuilletée (1 rouleau)
Pommes (5 grosses)
- Sucre (90 g) • Œufs (2)
- Beurre (60 g)

Matériel nécessaire
- 1 moule à tarte
- 1 fourchette
- 1 épluche-légumes
- 1 planche à découper
- 1 couteau
- 1 petit bol
- 1 grand bol

Tarte aux pommes

30 min de préparation
35 min de cuisson

1. Préchauffe le four à 200 °C (th. 6-7).
2. Déroule la **pâte feuilletée** et place-la avec son papier sulfurisé dans un moule à tarte.
3. Pique le fond avec une fourchette.
4. Épluche les **pommes**. Coupe-les en deux avec un petit couteau puis retire le cœur et les pépins.
5. Coupe chaque **demi-pomme** en fines lamelles.
6. Pose les **lamelles de pommes** sur le fond de tarte en les faisant se chevaucher un peu.
7. Dans un petit bol, fais fondre le **beurre** au micro-ondes (ou dans une petite casserole sur feu doux).
8. Dans un grand bol, mélange le **sucre**, les **œufs** et le **beurre fondu**.
9. Verse le **mélange** précédent sur les **pommes**.
10. Place le moule dans le four et laisse cuire 35 min environ.

Super marmitruc
de Vincent, 11 ans

Pour ne pas que tes pommes noircissent pendant que tu les coupes, **arrose-les d'un peu de jus de citron.**

Variante gourmande
de Mélissa, 8 ans

J'ai fait une tarte fine aux pommes, sans utiliser de moule, j'ai juste mis 3 pommes, moins de sucre (50 g) et 1 seul œuf.

15 min de préparation
45 min de cuisson

Super marmitruc
de Camille, 12 ans

J'ai utilisé des moules à muffin pour faire des petits cakes individuels. Je les ai cuits 15-20 min à 180 °C (th. 6).

Variante gourmande
de Laura, 10 ans

J'ai ajouté ½ c. à café de cannelle en poudre, toute ma famille a aimé.

Cake au miel

1. Sors 150 g de **beurre** du réfrigérateur 2 h avant de commencer afin qu'il soit bien mou.

2. Préchauffe le four à 160 °C (th. 5-6).

3. Dans un saladier, bats le **beurre** à l'aide d'un fouet électrique. Le **beurre** doit devenir crémeux.

4. Ajoute le **sucre** et continue de fouetter jusqu'à ce que le mélange soit bien lisse.

5. Ajoute le **miel**, les **œufs**, le **sel**, la **levure** puis la **farine**. Mélange à l'aide d'un fouet manuel ou d'une cuillère en bois.

6. **Beurre** un moule à cake, saupoudre un peu de **farine** à l'intérieur et agite le moule pour qu'il soit entièrement recouvert de farine. Retourne-le au-dessus de l'évier et tapote pour retirer l'excédent de farine.

7. Verse la **pâte à gâteau** dans le moule puis place-le au four. Laisse cuire pendant 45 min.

MATÉRIEL NÉCESSAIRE
- 1 moule à cake
- 1 fouet électrique
- 1 fouet (ou 1 cuillère en bois)
- 1 saladier

INGRÉDIENTS POUR 6 PERSONNES
- **Miel liquide** (100 g)
- Farine (250 g)
- Beurre (150 g + un peu pour le moule)
- Sucre (150 g)
- Œufs (4)
- Levure chimique (½ sachet)
- Sel (1 pincée)

Ingrédients pour 8 personnes

Pâte brisée (1 rouleau)
Chocolat noir pâtissier (150 g)
- Sucre (100 g) • Beurre (100 g)
- Farine (50 g) • Œufs (3)
- Sucre vanillé (1 sachet)

Matériel nécessaire
- 1 moule à tarte
- 2 petites casseroles
- 1 cuillère à soupe
- 2 bols • 1 saladier
- 1 fouet • 1 batteur électrique • 1 cuillère en bois
- 1 fourchette
- papier sulfurisé

Tarte au chocolat

20 min de préparation
25 min de cuisson ★★★

1. Préchauffe le four à 150 °C (th. 5).

2. Casse le **chocolat** en morceaux dans une petite casserole. Ajoute 1 c. à soupe d'**eau** et fais-le fondre sur feu doux en remuant de temps en temps avec une cuillère en bois.

3. Fais fondre le **beurre** dans une petite casserole sur feu doux.

4. Sépare les **blancs** des **jaunes d'œufs**. Mets les **jaunes d'œufs** dans un bol et les **blancs** dans un saladier.

5. Quand le **chocolat** est fondu, ajoute le **beurre** fondu, 75 g de **sucre** et les **jaunes d'œufs**. Mélange bien avec un fouet.

6. À l'aide d'un batteur électrique, bats les **blancs d'œufs** en neige : quand le mélange commence à mousser, ajoute le **sucre vanillé** et les 25 g de **sucre** restants. Continue de battre jusqu'à ce que la mousse soit bien compacte.

7. Ajoute les **blancs en neige** au **mélange au chocolat** et mélange avec une cuillère en bois.

8. Ajoute la **farine** en mélangeant délicatement.

9. Étale la **pâte brisée** dans un moule à tarte en conservant le papier sulfurisé en dessous. Pique le fond avec une fourchette.

10. Verse la **crème au chocolat** sur le fond de tarte. Place le plat dans le four et laisse cuire pendant 15 à 20 min.

Super marmitruc
de Tiana, 12 ans

Si tu utilises une pâte sablée plutôt que brisée, **fais-la précuire avant de la garnir** : recouvre-la de papier sulfurisé puis de haricots secs et fais-la cuire au four 15 min à 160 °C (th. 5-6).

Variante gourmande
d'Adam, 11 ans

J'ai fait la crème sans la farine ni les œufs. Une très bonne tarte !

Tu trouveras la recette de la pâte brisée maison p. 138.

Mousse au chocolat

10 min de préparation
1 min 30 de cuisson
2 h de repos

★★☆

Super marmitruc
de Zéphyr, 10 ans

Pour savoir si les blancs en neige sont assez fermes, retourne le saladier : **la mousse ne doit pas bouger.**

Trop facile !

Recette préférée de Chloé, 8 ans

Variante gourmande
de Géraldine, 8 ans

J'ai ajouté des grosses pépites de chocolat dans la préparation. Ça apporte du croquant.

1. Casse le **chocolat** en morceaux puis mets-les dans un saladier.

2. Fais fondre le **chocolat** dans une petite casserole sur feu doux avec 1 c. à soupe d'eau.

3. Sépare les **blancs** des **jaunes d'œufs**. Mets-les dans 2 saladiers différents.

4. À l'aide d'un fouet électrique, fouette les **jaunes d'œufs** avec le **sucre vanillé** jusqu'à ce que le mélange blanchisse. Ajoute le **chocolat fondu** et mélange bien.

5. Dans l'autre saladier, bats les **blancs d'œufs** en neige ferme avec un fouet électrique jusqu'à ce que la mousse soit bien compacte.

6. Ajoute les **blancs en neige** au **mélange jaunes-sucre-chocolat** et remue délicatement avec une spatule en plastique (tu dois « soulever » la mousse pour la mélanger).

7. Verse la préparation dans un joli saladier et laisse la **mousse** prendre au moins 2 h au réfrigérateur.

matériel nécessaire
- 3 saladiers
- 1 petite casserole
- 1 cuillère à soupe
- 1 fouet électrique
- 1 spatule en plastique
- 1 saladier pour le service

ingrédients pour 4 personnes

Chocolat pâtissier noir ou au lait (100 g)
- Œufs (3)
- Sucre vanillé (1 sachet)

ingrédients pour 6 personnes

Fromage blanc battu (500 g)
Sucre roux (100 g)
Noix de coco râpée (25 g)
• Œufs (4) • Farine (80 g)
• Levure chimique (1 sachet) • Beurre (pour le moule)

matériel nécessaire
• 1 moule rond
• 1 batteur électrique
• 1 fouet • 3 saladiers
• 1 couteau
• 1 tamis
(ou passoire à mailles fines)

Gâteau au fromage blanc

10 min de préparation
25 min de cuisson

1. Préchauffe le four à 200 °C (th. 6-7).
2. Sépare les **jaunes** des **blancs d'œufs**. Verse les jaunes et les blancs dans 2 saladiers différents.
3. Ajoute le **sucre** dans le saladier contenant les **jaunes d'œufs** et mélange avec un batteur électrique : le mélange doit blanchir.
4. Ajoute la **farine** tamisée (versée sur le mélange à travers un tamis ou une passoire à mailles fines) et la **levure**. Mélange bien.
5. Ajoute ensuite le **fromage blanc**. Mélange encore.
6. Avec un batteur électrique, bats les **blancs d'œufs** en neige très ferme puis ajoute-les délicatement au mélange (tu dois « soulever » les blancs pour les mélanger).
7. Ajoute la **noix de coco**.
8. **Beurre** un moule rond et verses-y la préparation.
9. Place le moule au four et laisse cuire 25 min environ.
10. Vérifie que le gâteau est cuit en plantant la pointe d'un couteau au centre : elle doit en ressortir sèche.

Super marmitruc
de Célia, 8 ans

Pour un démoulage facile, **utilise un moule en silicone.** Le temps de cuisson est le même !

Variante gourmande
de Margaux, 11 ans

Pour une version au chocolat, ajoute 200 g de chocolat pâtissier **fondu** en même temps que le sucre et n'utilise que 2 c. à soupe de fromage blanc.

20 min de préparation
1 h 15 de cuisson

Super marmitruc
de Clara, 12 ans

Pour être sûr de démouler la meringue facilement, **étale-la sur une feuille de papier sulfurisé.**

Variante gourmande
de Paul, 9 ans

J'ai ajouté un coulis de fruits rouges sur la chantilly et mis en plus des fraises et des framboises fraîches.

Pavlova

1. Préchauffe le four à 130 °C (th. 4-5).

2. Dans un saladier, fouette les **blancs d'œufs** à l'aide d'un batteur électrique.

3. Quand ils commencent à mousser, ajoute le **sucre** petit à petit, sans cesser de fouetter.

4. Ajoute enfin le **vinaigre** et la **Maïzena** et fouette encore quelques secondes. Le mélange doit être ferme et brillant.

5. Sur une plaque allant au four, verse un petit filet d'**huile** puis étale-la sur toute la plaque avec une feuille de papier essuie-tout.

6. À l'aide d'une cuillère ou d'une spatule en plastique, étale la **meringue** sur la plaque en formant un cercle d'environ 20 cm de diamètre et de 10 cm de haut.

7. Enfourne la plaque et laisse cuire 1 h 15.

8. Laisse refroidir la **meringue** puis place-la au réfrigérateur.

9. Lave et essuie les **groseilles**.

10. Juste avant de servir, recouvre la meringue de **chantilly** et répartis les **groseilles** par-dessus.

MATÉRIEL NÉCESSAIRE
- 1 batteur électrique
- 1 saladier
- 1 plaque
- 1 cuillère à soupe ou spatule en plastique

INGRÉDIENTS POUR 6 PERSONNES

Crème chantilly (1 bombe)
Groseilles (100 g)
Blancs d'œufs (6)
Sucre (340 g)
Vinaigre de malt (1,5 c. à café)
- Maïzena (1,5 c. à soupe)
- Huile de tournesol (pour la plaque)

Ingrédients pour 30 cookies
- Pépites de chocolat (300 g)
- Sucre roux (125 g)
- Beurre (250 g)
- Œufs (2)
- Farine (350 g)
- Sucre semoule (125 g)
- Levure chimique (1 c. à café)
- Sel

Matériel nécessaire
- 1 saladier
- 1 batteur électrique
- 1 fouet
- 1 spatule
- 2 cuillères à café
- 1 passoire
- 1 plaque de four
- 1 grille
- papier sulfurisé

Cookies aux pépites de chocolat

20 min de préparation
10 min de cuisson

1. Sors le **beurre** du réfrigérateur 2 h avant de commencer afin qu'il soit bien mou.
2. Préchauffe le four à 180 °C (th. 6).
3. Dans un saladier, mets le **beurre** mou, le **sucre roux** et le **sucre semoule**. Mélange le tout à l'aide d'un batteur électrique jusqu'à ce que l'ensemble soit crémeux.
4. Ajoute les **œufs** et mélange bien avec un fouet.
5. Ajoute la **farine** tamisée (versée sur le mélange à travers une passoire à mailles fines), une pincée de **sel** et la **levure**. Mélange vivement.
6. Ajoute les **pépites de chocolat**.
7. Recouvre la plaque du four d'une feuille de papier sulfurisé.
8. À l'aide de 2 cuillères à café, déposes-y des petits tas de **pâte** de la taille d'une noix. Veille à bien les espacer car la pâte s'étale à la cuisson.
9. Place la plaque dans le four et laisse cuire pendant 10 minutes.
10. Sors la plaque du four et décolle les **cookies** de la feuille avec une spatule. Laisse-les refroidir sur une grille.

Super marmitruc
de Mathias, 12 ans

Pour que les cookies ne s'étalent pas trop à la cuisson, **place la pâte au moins 30 min au réfrigérateur** avant de la déposer sur la plaque.

Variante gourmande
de Sacha, 8 ans

J'ai mélangé des pépites de chocolat noir et de chocolat blanc. Miam !

10 min de préparation
50 min de cuisson

Riz au lait

1. Enlève le zeste du **citron** : à l'aide d'un épluche-légumes, fais un ruban avec la peau du **citron** (tu pourras le retirer facilement à la fin de la cuisson). Gardes-en un morceau pour décorer.

2. Dans une casserole, fais bouillir le **lait** avec le **sucre**, le **sucre vanillé** et le **zeste**.

3. Lorsque le **lait** bout, retire le **zeste** puis verse le **riz** en pluie et baisse le feu : le **riz** doit cuire très lentement (compte 40 à 50 min de cuisson).

4. Lorsque le **riz** et le **lait** sont au même niveau, coupe le feu et laisse refroidir : le **riz** va finir de s'imbiber de **lait** en refroidissant.

5. Sers ce dessert tiède ou froid dans des ramequins avec un **zeste de citron** pour décorer.

Super marmitruc
de Manon, 9 ans

Comme le riz va continuer d'absorber le lait après la cuisson, **stoppe le feu lorsque la préparation est crémeuse mais encore un peu liquide.**

Encore !

Recette préférée d'Antoine, 8 ans

Variante gourmande
de Solal, 12 ans

J'ai ajouté du caramel dans le fond de mes ramequins, c'était délicieux.

MATÉRIEL NÉCESSAIRE
- 1 casserole
- 1 cuillère en bois
- 4 ramequins
- 1 épluche-légumes

INGRÉDIENTS POUR 4 PERSONNES
- Riz blanc rond (100 g)
- Citron, orange ou clémentine non traité (1)
- Lait (1 l)
- Sucre (4 c. à soupe)
- Sucre vanillé (1 sachet)

Ingrédients pour 15 crêpes
Chocolat noir pâtissier (200 g)
Bananes (5)
- Farine (300 g) • Œufs (3)
- Lait (75 cl)
- Huile (3 c. à soupe)

Matériel nécessaire
- 1 saladier
- 1 fouet
- 1 poêle • 1 spatule
- 1 petite casserole
- 1 couteau • 1 assiette
- 1 planche à découper
- 1 louche • papier d'aluminium

Crêpes choco-banane

5 min de préparation
20 min de cuisson

1. Verse la **farine** dans un saladier.
2. Ajoute les **œufs** et l'**huile**. Mélange avec un fouet.
3. Verse le **lait** sur le mélange petit à petit sans cesser de fouetter.
4. Frotte le fond d'une poêle avec un papier essuie-tout imbibé d'**huile**.
5. Fais chauffer la poêle sur feu assez vif. Verse une **louche de pâte** dans la poêle. Quand les bords de la **crêpe** commencent à dorer, retourne-la à l'aide d'une spatule et fais dorer l'autre côté.
6. Une fois la **crêpe** cuite, dépose-la dans une assiette, et recommence jusqu'à ce qu'il ne reste plus de pâte. Garde bien les **crêpes** au chaud en les recouvrant d'une feuille de papier d'aluminium.
7. Casse le **chocolat** en morceaux et fais-le fondre dans une petite casserole avec ½ verre à moutarde d'eau ou de lait.
8. Épluche les **bananes** et coupe-les en rondelles.
9. Sers les **crêpes** avec le **chocolat fondu** et quelques rondelles de **banane**.

Super marmitruc
de Jawed, 12 ans

Si la pâte à crêpes est trop épaisse, **ajoute un peu de lait.**

Variante gourmande
de Lucie, 10 ans

J'aime bien ajouter un sachet de sucre vanillé dans la pâte.

5 min de préparation
30 min de cuisson

Pommes au four

Super marmitruc
de Simon, 8 ans

Pour une cuisson plus rapide, **fais cuire les pommes dans une assiette un peu creuse au micro-ondes**, 2 à 3 min puissance maximale.

Variante gourmande
de Faustine, 10 ans

Avec un vide-pomme, **je creuse le centre des pommes et j'y verse 1 c. à café de caramel au beurre salé.** C'est très bon !

1. Préchauffe le four à 180 °C (th. 6).
2. Lave les **pommes** et essuie-les bien.
3. Place les **pommes** entières dans un plat allant au four puis pique-les avec une fourchette (3 ou 4 fois).
4. Saupoudre-les de **sucre**.
5. Remplis un verre à moutarde d'**eau** et verse-le au fond du plat.
6. Place le plat au four et laisse cuire pendant 25 min.
7. Ajoute les **amandes effilées** sur les **pommes** et laisse cuire encore 5 min.
8. Sers ces **pommes** bien chaudes.

MATÉRIEL NÉCESSAIRE
- 1 plat allant au four
- 1 verre à moutarde
- 1 fourchette

INGRÉDIENTS POUR 4 PERSONNES
Pommes (4 grosses type reinette)
Amandes effilées (50 g)
- Sucre (50 g)

Ingrédients pour 10 personnes
- Ananas au sirop (1 boîte)
- Bananes (3)
- Mangues (3)
- Noix de coco râpée (200 g)
- Citrons verts (2)
- Cassonade (100 g)

Matériel nécessaire
- 1 couteau
- 1 planche à découper
- 1 passoire • 1 saladier
- 1 assiette • 1 cuillère
- 1 presse-agrumes • 1 bol
- 20 piques en bois
- 1 plat de service
- film alimentaire

brochettes de fruits exotiques

30 min de préparation
2 h de repos

1. Épluche les **bananes**.
2. Coupe les **mangues** en deux le long du noyau puis retire la peau.
3. Égoutte les rondelles d'**ananas**.
4. Coupe les **mangues** et l'**ananas** en gros cubes (environ 3 cm de côté), et les **bananes** en rondelles épaisses.
5. Mets les **mangues**, l'**ananas** et les **bananes** dans un saladier.
6. Coupe les **citrons** en deux et presse-les. Verse le jus obtenu sur les fruits coupés.
7. Verse la **cassonade** sur les **fruits** et mélange bien avec une cuillère (sans écraser les fruits).
8. Couvre le saladier d'un film alimentaire et laisse macérer pendant au moins 1 h au réfrigérateur.
9. Prends 1 petite pique en bois et piques-y 1 ou 2 **morceaux de chaque fruit** en les alternant.
10. Réalise ainsi 19 autres brochettes.
11. Verse la **noix de coco** dans une assiette. Roule chaque brochette dedans puis dispose-les sur un plat. Place le tout au frais 1 h avant de servir.

Super marmitruc
de Lucile, 11 ans

J'ai fait fondre 100 g de chocolat dans une petite casserole avec 5 cl de crème liquide, je l'ai versé dans un bol pour qu'on puisse tremper les brochettes dedans. On s'est régalé !

Variante gourmande
de Théo, 9 ans

J'ai ajouté quelques bonbons entre les fruits : fraises Tagada et mini bananes. Les copains ont adoré !

15 min de préparation
15 min de cuisson

Muffins vanille et muffins chocolat

Super marmitruc
d'Héloïse, 10 ans

Si tu utilises des moules à muffin en fer, mets des caissettes en papier à l'intérieur de chaque moule.

Un régal !

Recette préférée d'Agathe, 9 ans

Variante gourmande
de Geoffrey, 11 ans

J'ai mis 2 c. à soupe de noix de coco râpée dans les muffins nature.

1. Préchauffe le four à 180 °C (th. 6).

2. Fais fondre le **beurre** dans une petite casserole sur feu doux.

3. Dans un premier saladier, mélange la **farine**, le **sucre**, le **sel**, le **sucre vanillé** et la **levure**. Divise ce mélange de poudres en deux. Mets la seconde moitié dans un grand saladier.

4. Dans un troisième saladier, mélange le **lait**, le **beurre** fondu et les **œufs**.

5. Divise ce mélange en deux. Mets une moitié dans un saladier et ajoutes-y le **cacao en poudre** en fouettant bien.

6. Verse, dans le premier saladier de poudres, le mélange sans chocolat. Remue vivement, mais en conservant quelques grumeaux.

7. Verse le mélange au chocolat dans le saladier avec le mélange de poudres restant et remue vivement, toujours en conservant quelques grumeaux.

8. Dépose 12 moules à muffin en silicone sur une plaque de cuisson puis remplis-en (aux trois quarts) 6 de pâte **vanillée** et 6 de pâte au **chocolat**.

9. Place-les dans le four, laisse cuire 15 min environ.

matériel nécessaire
- 4 saladiers ou grands bols
- 1 petite casserole
- 1 fouet
- 12 moules à muffin
- 1 plaque

ingrédients pour 12 personnes
- Farine (280 g)
- Œufs (2)
- Sucre (100 g)
- Lait (15 cl)
- Beurre (80 g)
- Levure chimique (1 sachet)
- Sucre vanillé (1 sachet)
- Cacao en poudre (2 c. à soupe)
- Sel (1 pincée)

Ingrédients pour 12 cupcakes

Pour la pâte :
Fraises (100 g)
Vanille liquide (4 cl)
- Sucre (125 g) • Farine (125 g)
- Beurre (100 g) • Œufs (2)
- Levure chimique (1 c. à café) • Lait (1 c. à soupe)

Pour le glaçage :
Mascarpone (150 g)
Vanille liquide (2 cl)
- Crème fraîche liquide (15 cl)
- Sucre glace (40 g)

Pour la déco :
- Perles multicolores

Matériel nécessaire
- 1 planche à découper
- 1 couteau
- 2 saladiers • 1 fouet
- 1 bol • 12 moules à cupcake
- 1 poche à douille
- 1 douille cannelée
- 1 casserole

Cupcakes à la fraise

45 min de préparation
20 min de cuisson
2 h de repos

1. Préchauffe le four à 180 °C (th. 6).
2. Lave et essuie les **fraises**. Avec un couteau, retire la queue, puis coupe-les en petits dés.
3. Prépare la pâte : fais fondre le **beurre** dans une casserole sur feu doux.
4. Dans un saladier, bats avec un fouet les **œufs** et le **sucre** jusqu'à ce que le mélange devienne mousseux. Ajoute le **lait**, la **vanille liquide** puis le **beurre fondu**. Fouette bien.
5. Sans cesser de remuer, ajoute la **farine** et la **levure chimique** en 4 fois afin d'obtenir un mélange sans grumeaux. Délicatement, ajoute les **fraises** à la préparation.
6. Répartis la **pâte** dans des moules à cupcake.
7. Place les moules dans le four et laisse cuire 20 min. Le dessus doit être doré mais pas craquelé. Laisse refroidir complètement.
8. Prépare le glaçage : dans un saladier, fouette le **mascarpone**, le **sucre glace** et la **vanille liquide**. Ajoute la **crème fraîche** et fouette jusqu'à ce que le mélange devienne facile à travailler.
9. Remplis une poche à douille munie d'une douille cannelée avec cette préparation puis décore les cupcakes. Saupoudre de **perles multicolores**.
10. Place les **cupcakes** au réfrigérateur 1 à 2 h.

Super marmitruc
de Clémentine, 12 ans

Si tu n'as pas de poche à douille, utilise une cuillère.

j'en reveux !

Recette préférée de Zoé, 7 ans

Variante gourmande
de Matthias, 9 ans

J'ai gardé des fraises que j'ai coupées en petits morceaux pour décorer mes cupcakes, c'est très joli et très bon !

Truffes au chocolat noir

10 min de préparation
2 h 30 de repos

Super marmitruc
de Maelys, 10 ans

Conserve les truffes dans une boîte en plastique hermétique (avec un couvercle) au réfrigérateur pendant une dizaine de jours.

Variante gourmande
de Noah, 9 ans

Avec du chocolat au lait, c'est aussi très bon !

1. Dans un saladier, casse le **chocolat** en petits morceaux ou, mieux, râpe-le.

2. Ajoute 2 c. à soupe de **cacao en poudre**.

3. Dans une casserole, fais bouillir la **crème fraîche**.

4. Verse-la sur le **chocolat** et remue bien avec une spatule jusqu'à ce que le chocolat soit entièrement fondu.

5. Laisse reposer 2 h 30 au réfrigérateur (ou 1 h au congélateur).

6. Sors le mélange au **chocolat** : il doit être bien dur (sinon, remets-le à reposer). Prends une cuillerée de mélange et roule-la entre tes mains pour réaliser une **boulette**. Continue jusqu'à ce qu'il ne te reste plus de mélange.

7. Dans une petite boîte en plastique, verse un peu de **cacao en poudre**.

8. Dépose 5 boulettes dans la boîte, ferme-la puis secoue-la afin de bien enrober les truffes de **cacao**.

9. Renouvelle l'opération jusqu'à ce que toutes les **truffes** soient enrobées.

10. Déguste les **truffes** sans attendre.

MATÉRIEL NÉCESSAIRE
- 1 saladier
- 1 casserole
- 1 cuillère à café
- 1 spatule • 1 râpe
- 1 boîte en plastique

INGRÉDIENTS POUR 35 TRUFFES
Chocolat noir pâtissier
(280 g)
- Crème fraîche liquide (20 cl)
- Cacao en poudre (3 c. à soupe)

Ingrédients pour 16 muffins

Pommes (3 petites)
Raisins secs (80 g)
- Œufs (2) • Farine (175 g)
- Sucre (100 g)
- Levure chimique (½ sachet)
- Sel (1 pincée)
- Beurre (50 g)
- Lait (10 cl)

Matériel nécessaire

- 1 couteau
- 1 planche à découper
- 1 fourchette • 1 saladier
- 1 bol • 1 cuillère à soupe
- Moules à muffin
- 1 épluche-légumes
- 1 plaque

Muffins aux pommes et aux raisins

15 min de préparation
20 min de cuisson

1. Préchauffe le four à 180 °C (th. 6).
2. Dans un saladier, verse la **farine**, le **sucre**, la **levure** et le **sel**.
3. Coupe le **beurre** en petits morceaux, ajoute-le et pétris bien du bout des doigts pour obtenir comme des miettes.
4. Épluche 2 **pommes**, coupe-les en deux puis, à l'aide d'un petit couteau, retire le cœur et les pépins. Coupe les **pommes** en petits morceaux.
5. Dans un bol, bats les **œufs** et le lait avec une fourchette.
6. Verse cette préparation sur le **mélange de farine**. Ajoute les **dés de pommes** et les **raisins secs**. Mélange bien l'ensemble.
7. À l'aide d'une cuillère à soupe, remplis des moules à muffin de pâte. Dépose les moules sur une plaque allant au four.
8. Épluche la dernière **pomme**, coupe-la en deux et retire le cœur et les pépins à l'aide d'un petit couteau. Coupe ensuite chaque **demi-pomme** en fines lamelles.
9. Dépose 1 **lamelle de pomme** sur chaque **muffin**.
10. Place les moules au four et laisse cuire 15 à 20 min.

Super marmitruc
de Cassandra, 12 ans

Utilise plutôt **des pommes Golden**, plus moelleuses à la cuisson.

À croquer !

Recette préférée de Laurent, 10 ans

Variante gourmande
de Samir, 8 ans

J'aime bien les faire avec des pépites de chocolat et des morceaux de noix à la place des pommes et des raisins secs.

Crèmes à la vanille

15 min de préparation
8 min de cuisson

Super marmitruc
de Léa, 8 ans

Pour cuire les crèmes au four, place-les dans un plat à gratin rempli à moitié d'eau et fais-les cuire 50 min à 180 °C (th. 6).

Variante gourmande
de Corentin, 9 ans

Avant de verser la crème, j'ai mis un peu de caramel liquide tout prêt dans le fond de chaque pot.

1. Verse le **lait** dans une casserole.

2. Sur une planche à découper et à l'aide d'un petit couteau, ouvre la **gousse de vanille** en deux dans le sens de la longueur. Avec le dos de la lame du couteau, racle les **graines** et ajoute-les au **lait**. Ajoute aussi la **gousse** fendue.

3. Fais chauffer le **lait**.

4. Dans un grand bol, bats les **œufs** et le **sucre** au batteur électrique.

5. Dès que le **lait** commence à faire des petites bulles, verse-le sur le **mélange œufs-sucre** et remue vivement.

6. Verse la **crème** dans des ramequins ou des petits pots.

7. Dépose les pots dans un saladier ou une assiette creuse. Verse de l'**eau** dans le saladier jusqu'à la moitié de la hauteur des pots.

8. Place le saladier dans le four à micro-ondes et laisse cuire 4 à 6 min à 800 W.

9. Laisse refroidir avant de déguster.

MATÉRIEL NÉCESSAIRE
- 1 casserole
- 1 planche à découper
- 1 petit couteau
- 1 batteur électrique
- 3 ramequins ou 3 petits pots
- 1 grand bol
- 1 saladier ou 1 assiette creuse

Ingrédients pour 3 petits pots

Vanille
(1 gousse)
- Lait (25 cl)
- Œufs (2)
- Sucre (3 c. à soupe)

Ingrédients pour 6 personnes

Pommes (1 kg)
- Farine (150 g)
- Beurre (100 g + pour le plat)
- Sucre (150 g)
- Cannelle en poudre (1 c. à café rase)

Matériel nécessaire
- 1 couteau
- 1 épluche-légumes
- 1 planche à découper
- 1 saladier
- 1 poêle
- 1 cuillère
- 1 spatule en plastique
- 1 plat à gratin

Crumble aux pommes

20 min de préparation
40 min de cuisson

1. Sors le **beurre** du réfrigérateur 1 h avant de commencer.
2. Préchauffe le four à 200 °C (th. 6-7).
3. Épluche les **pommes**. Coupe-les en deux puis retire le cœur à l'aide d'un petit couteau. Coupe chaque **demi-pomme** en deux puis chaque quartier en 2 ou 3 morceaux.
4. Fais fondre 20 g de **beurre** dans une grande poêle. Ajoute les **pommes** puis laisse-les fondre 2 min sur feu vif. Remue bien puis baisse le feu et laisse cuire pendant 10 min : les morceaux doivent être tendres.
5. Ajoute 50 g de **sucre** et ½ c. à café de **cannelle**.
6. **Beurre** un plat à gratin puis verses-y le **mélange aux pommes**.
7. Dans un saladier, remue énergiquement le **beurre mou** restant avec une spatule : il doit devenir crémeux.
8. Ajoute le reste de **sucre** et de **cannelle**, ainsi que la **farine**. Mélange bien le tout pour obtenir comme un gros sable.
9. Recouvre le **mélange aux pommes** de ce **gros sable**.
10. Place le plat dans le four et laisse dorer pendant 25 min environ.

Super marmitruc
de Callista, 12 ans

N'hésite pas à mélanger les ingrédients du crumble avec les mains. C'est plus facile qu'avec une cuillère ou une fourchette !

Variante gourmande
de Thibo, 9 ans

J'ai ajouté quelques morceaux de **chocolat pâtissier** avant de recouvrir les pommes de pâte. C'était très bon !

Gaspacho de fraises

15 min de préparation
3 min de cuisson

Super marmitruc
de Samantha, 12 ans

Pour gagner du temps et utiliser moins d'ustensiles, **passe les tranches de pain d'épices au grille-pain** plutôt que de les rôtir à la poêle.

Variante gourmande
de Thimeo, 11 ans

J'ai fait un mélange moitié fraises moitié framboises. On s'est régalé.

① Presse le **citron**.

② Lave les **fruits** et essuie-les très délicatement.

③ Dans un mixeur, mixe les **fraises** avec la moitié du **jus de citron** et le **sucre glace**.

④ Passe le **liquide** obtenu dans une passoire afin de le filtrer (place un saladier sous la passoire pour récupérer le jus).

⑤ Verse le **jus de fraises** dans des petits bols et place-les au frais.

⑥ Coupe la **pêche** et la **poire** en petits dés et verse dessus le reste de **jus de citron** afin qu'elles ne noircissent pas.

⑦ Coupe le **pain d'épices** en petits dés. Dans une poêle, fais fondre le **beurre** puis fais-y revenir les dés de **pain d'épices** quelques minutes.

⑧ Décore chaque **gaspacho** avec quelques morceaux de **fruits** (pêche, poire et myrtille) et des **miettes de pain d'épices**.

MATÉRIEL NÉCESSAIRE
- 1 presse-agrumes
- 1 mixeur
- 1 saladier
- 1 passoire • 1 couteau
- 1 planche à découper
- 1 poêle • 4 bols

INGRÉDIENTS POUR 4 PERSONNES

Fraises (500 g)
Pêche jaune ou abricot (1)
Poire (1)
Myrtilles (100 g)
Pain d'épices (4 tranches)
- Citron (1)
- Sucre glace (4 c. à soupe)
- Beurre (10 g)

Ingrédients pour 4 personnes

Boudoirs (20)
Mascarpone (250 g)
Ananas au sirop (1 boîte)
Vermicelles au chocolat
• Œufs (2)
• Sucre (2 c. à soupe)

Matériel nécessaire

• 1 planche à découper
• 1 couteau
• 2 saladiers • 1 fouet
• 1 batteur électrique
• 1 spatule
• 4 verrines
• 1 cuillère

Petits tiramisus à l'ananas

30 min de préparation
2 h de repos

1. Mets 1 ou 2 **biscuits** (coupés ou non) dans le fond de 4 verrines.
2. Égoutte les **tranches d'ananas**. Coupe-les en petits morceaux.
3. Dépose 1 c. à soupe de **morceaux d'ananas** dans chaque verrine.
4. Sépare les **blancs** des **jaunes d'œufs**. Mets-les dans 2 saladiers différents.
5. Dans le saladier avec les **jaunes d'œufs**, ajoute le **mascarpone** et le **sucre**. Mélange bien.
6. Monte les **blancs d'œufs** en neige ferme à l'aide d'un batteur électrique.
7. Ajoute délicatement les **blancs en neige** au mélange précédent avec une spatule : tu dois « soulever » les blancs pour les mélanger.
8. Avec une cuillère, recouvre les **biscuits** et l'**ananas** avec la **crème au mascarpone**.
9. Place les verrines au moins 2 h au réfrigérateur.
10. Juste avant de servir, décore chaque verrine avec des **vermicelles au chocolat**.

Super marmitruc
de Jules, 10 ans

Pour un grand tiramisu, utilise un plat à gratin, et fais 2 couches de biscuits, 2 couches d'ananas et 2 couches de crème au mascarpone.

Variante gourmande
de Loïc, 9 ans

Je les ai faits avec des framboises fraîches à la place de l'ananas, c'est très bon aussi.

Les basiques

Pâte brisée

15 min de préparation

Pour 1 tarte

1. Mélange la **farine** et le **sel** dans un saladier.
2. Coupe le **beurre** en dés et ajoute-le dans le saladier.
3. Mélange avec le bout des doigts : tu dois obtenir une sorte de semoule grossière.
4. Dans un bol, fais légèrement chauffer le **lait** ou l'**eau** au micro-ondes 5 secondes (ou dans une petite casserole sur feu doux).
5. Ajoute le **lait** ou l'**eau** dans le saladier.
6. Mélange et forme une boule.
7. Étale-la à l'aide d'un rouleau à pâtisserie puis mets-la dans le moule à tarte.
8. Pique la **pâte** avec une fourchette avant de la garnir.

Farine (300 g) • **Beurre** (150 g)
Sel (½ c. à café)
Eau ou lait (8 cl)

Ketchup

30 min de préparation
1 h 30 de cuisson

Pour 1 l

1. Lave et essuie les **tomates**. Coupe-les en six, place-les dans une cocotte avec les **oignons** et les gousses d'**ail** épluchés et coupés grossièrement.
2. Mets sur feu moyen et laisse cuire environ 30 min avec un couvercle.
3. Mixe le tout. Verse ce **coulis** dans une casserole, ajoute le **vinaigre** et les **épices** puis laisse cuire 45 min pour obtenir comme un « sirop » (tu en auras moitié moins que de coulis).
4. Ajoute les **clous de girofle** et le **sucre** et remets sur le feu pendant 15 min. Mélange régulièrement.
5. Laisse reposer 3 à 4 jours au réfrigérateur. Ce ketchup se conserve 2 mois au réfrigérateur.

Tomates (2 kg)
Sucre (100 g)
Oignons (2) • **Ail** (2 gousses)
Vinaigre (15 cl) • **Sel** (2 c. à café)
Poivre (1 c. à café rase) • **Clous de girofle** (2) • **Piment** (½ c. à café)

Mayonnaise

10 min de préparation

Pour 4 pers.

1. Sors tous les **ingrédients** 1 h avant de commencer.
2. Dans un saladier, mélange le **jaune d'œuf**, un peu de **sel**, du **poivre**, la **moutarde** et le **vinaigre**.
3. Fouette énergiquement en versant peu à peu l'**huile** : la mayonnaise doit épaissir.

Astuce : tu peux ajouter des herbes ou du citron pour parfumer la mayonnaise.

> Jaune d'œuf (1)
> Moutarde forte (1 c. à soupe)
> Vinaigre (1 filet)
> Huile (10 cl) • Sel, poivre

Vinaigrette

2 min de préparation

Pour 4 pers.

1. Dans un bol, verse l'**huile** et le **vinaigre**.
2. Ajoute la **moutarde**, le **sel** et le **poivre**.
3. Mélange tous les ingrédients avec une cuillère ou une fourchette.

Astuce : pour une vinaigrette au yaourt, remplace l'huile par un yaourt à 0 %.

> Huile (5 c. à soupe)
> Vinaigre (2 c. à soupe)
> Moutarde (1 c. à café)
> Sel (1 pincée) • Poivre

Quelques équivalences

1 verre à moutarde = 150 g de farine 100 g de riz ou de pâtes 50 g de sucre 25 cl de liquide	1 L = 10 dl 100 cl 1000 ml	1 c. à café d'huile = 5 ml 1 c. à soupe d'huile = 15 ml 1 c. à café rase de sucre = 5 g 1 c. à café rase de farine = 3 g 1 c. à soupe rase de sucre = 15 g 1 c. à soupe rase de farine = 10 g

Index alphabétique des recettes

B
- Brochettes d'agneau — 78
- Brochettes de fruits exotiques — 120
- Brochettes melon, jambon cru et radis — 30

C
- Cake au jambon et au fromage — 34
- Cake au miel — 102
- Clafoutis aux abricots — 98
- Cookies aux pépites de chocolat — 112
- Cordons-bleus — 54
- Courgettes farcies — 60
- Crèmes à la vanille — 130
- Crêpes choco-banane — 116
- Croque-monsieur au comté — 68
- Croquettes de carottes — 40
- Crostinis aux tomates et au basilic — 12
- Crumble aux pommes — 132
- Cupcakes à la fraise — 124

F
- Fajitas au poulet — 50
- Feuilletés au jambon — 46
- Filets de colin en papillote — 74
- Frittata aux petits pois et asperges — 52

G
- Gaspacho — 16
- Gaspacho de fraises — 134
- Gâteau au fromage blanc — 108
- Gratin de macaronis au gruyère — 92
- Gratin de pommes de terre et brocolis — 64
- Guacamole — 14

H
- Hachis Parmentier — 88
- Hamburgers maison — 72

K
- Ketchup — 138

M
- Mayonnaise — 139
- Mi-cuits au chocolat — 96
- Mousse au chocolat — 106
- Muffins aux pommes et aux raisins — 128
- Muffins vanille et muffins chocolat — 122

N
- Nuggets de poulet — 70

O
- Omelette aux chips — 80

P
- Pâte brisée — 138
- Pavés de saumon aux courgettes et tomates — 76
- Pavlova — 110
- Petits tiramisus à l'ananas — 136
- Pizza aux pommes de terre — 66
- Pommes au four — 118
- Pommes de terre au four — 90
- Poulet léger au fromage de chèvre — 84

Q
- Quiche lorraine — 38

R
- Ratatouille — 62
- Rigatonis à la viande et aux tomates — 58
- Rillettes de thon au mascarpone — 22
- Riz au lait — 114

	Riz sauté aux crevettes et aux petits pois	82
S	Sablés au parmesan	26
	Salade de pâtes au poulet rôti	32
	Salade de riz, pommes, carottes et raisins secs	28
	Salade melon, feta, jambon	44
	Soupe de courgettes	18
	Spaghettis à la bolognaise	86
	Spaghettis à la carbonara	56
T	Tarte au chocolat	104
	Tarte aux pommes	100
	Tarte fine à la tomate	36
	Tarte tomates et salami	42
	Tartines de fromage frais, radis et viande des Grisons	24
	Torsades feuilletées	20
	Truffes au chocolat noir	126
V	Vinaigrette	139

Index des recettes par ingrédient

ABRICOT
Clafoutis aux abricots — 98
Gaspacho de fraises — 134

AGNEAU
Brochettes d'agneau — 78

ANANAS
Brochettes de fruits exotiques — 120
Petits tiramisus à l'ananas — 136

ASPERGE
Frittata aux petits pois et asperges — 52

AUBERGINE
Ratatouille — 62
Rigatonis à la viande et aux tomates — 58

AVOCAT
Guacamole — 14

BANANE
Brochettes de fruits exotiques — 120
Crêpes choco-banane — 116

BROCOLI
Gratin de pommes de terre et brocolis — 64

CAROTTE
Croquettes de carottes — 40
Salade de riz, pommes, carottes et raisins secs — 28

CHOCOLAT
Cookies aux pépites de chocolat — 112
Crêpes choco-banane — 116
Mi-cuits au chocolat — 96
Mousse au chocolat — 106
Muffins vanille et muffins chocolat — 122
Tarte au chocolat — 104
Truffes au chocolat noir — 126

COLIN
Filets de colin en papillote — 74

COMTÉ
Croque-monsieur au comté — 68
Gratin de pommes de terre et brocolis — 64

COURGETTE
Courgettes farcies — 60
Pavés de saumon aux courgettes et tomates — 76
Ratatouille — 62
Soupe de courgettes — 18

CREVETTE
Riz sauté aux crevettes et aux petits pois — 82

FETA
Salade melon, feta, jambon — 44

FRAISE
Cupcakes à la fraise — 124
Gaspacho de fraises — 134

FROMAGE À RACLETTE
Pizza aux pommes de terre — 66

FROMAGE BLANC
Gâteau au fromage blanc — 108

FROMAGE DE CHÈVRE
Feuilletés au jambon — 46
Poulet léger au fromage de chèvre — 84

FROMAGE FONDU
Cordons-bleus — 54

Hamburgers maison 72

FROMAGE FRAIS
Tartines de fromage frais, radis et viande des Grisons 24

GROSEILLE
Pavlova 110

GRUYÈRE RÂPÉ
Cake au jambon et au fromage 34
Gratin de macaronis au gruyère 92
Torsades feuilletées 20

JAMBON
Brochettes melon, jambon cru et radis 30
Cake au jambon et au fromage 34
Croque-monsieur au comté 68
Feuilletés au jambon 46
Salade melon, feta, jambon 44
Soupe de courgettes 18

LARDON
Quiche lorraine 38
Spaghettis à la carbonara 56

MANGUE
Brochettes de fruits exotiques 120

MASCARPONE
Cupcakes à la fraise 124
Petits tiramisus à l'ananas 136
Rillettes de thon au mascarpone 22

MELON
Brochettes melon, jambon cru et radis 30
Salade melon, feta, jambon 44

MIEL
Cake au miel 102

MYRTILLE
Gaspacho de fraises 134

ŒUF
Frittata aux petits pois et asperges 52
Gâteau au fromage blanc 108
Mousse au chocolat 106
Omelette aux chips 80
Pavlova 110

PAIN ET PAIN DE MIE
Croque-monsieur au comté 68
Crostinis aux tomates et au basilic 12
Tartines de fromage frais, radis et viande des Grisons 24

PAIN À HAMBURGER
Hamburgers maison 72

PARMESAN RÂPÉ
Courgettes farcies 60
Sablés au parmesan 26
Soupe de courgettes 18
Spaghettis à la carbonara 56

PÂTE À PIZZA
Pizza aux pommes de terre 66

PÂTE BRISÉE
Quiche lorraine 38
Tarte au chocolat 104

PÂTE FEUILLETÉE
Feuilletés au jambon 46
Tarte aux pommes 100
Tarte fine à la tomate 36
Tarte tomates et salami 42
Torsades feuilletées 20

PÂTES
Gratin de macaronis au gruyère 92
Rigatonis à la viande et aux tomates 58
Salade de pâtes au poulet rôti 32
Spaghettis à la bolognaise 86

École Jean Paul II
Val Caron

Spaghettis à la carbonara	56

PÊCHE
Gaspacho de fraises	134

PETIT POIS
Frittata aux petits pois et asperges	52
Riz sauté aux crevettes et aux petits pois	82

POIVRON
Brochettes d'agneau	78
Fajitas au poulet	50
Gaspacho	16

POMME
Crumble aux pommes	132
Muffins aux pommes et aux raisins	128
Pommes au four	118
Salade de riz, pommes, carottes et raisins secs	28
Tarte aux pommes	100

POMME DE TERRE
Gratin de pommes de terre et brocolis	64
Hachis Parmentier	88
Pizza aux pommes de terre	66
Pommes de terre au four	90

POULET
Cordons-bleus	54
Fajitas au poulet	50
Nuggets de poulet	70
Poulet léger au fromage de chèvre	84
Salade de pâtes au poulet rôti	32

RADIS
Brochettes melon, jambon cru et radis	30
Tartines de fromage frais, radis et viande des Grisons	24

RIZ
Riz au lait	114
Riz sauté aux crevettes et aux petits pois	82
Salade de riz, pommes, carottes et raisins secs	28

SALAMI
Tarte tomates et salami	42

SAUMON
Pavés de saumon aux courgettes et tomates	76

THON
Rillettes de thon au mascarpone	22

TOMATE
Crostinis aux tomates et au basilic	12
Gaspacho	16
Hachis Parmentier	88
Pavés de saumon aux courgettes et tomates	76
Ratatouille	62
Rigatonis à la viande et aux tomates	58
Salade de pâtes au poulet rôti	32
Spaghettis à la bolognaise	86
Tarte fine à la tomate	36
Tarte tomates et salami	42

VANILLE
Crèmes à la vanille	130
Cupcakes à la fraise	124
Muffins vanille et muffins chocolat	122

VIANDE DE BŒUF
Courgettes farcies	60
Hachis Parmentier	88
Hamburgers maison	72
Rigatonis à la viande et aux tomates	58
Spaghettis à la bolognaise	86

VIANDE DES GRISONS
Tartines de fromage frais, radis et viande des Grisons	24